SASCHA SCHMIDT

MELDE DICH MAL WIEDER!

humboldt

INHALT

EINLEITUNG

Wieso meldet sich mein Kind so selten? Habe ich etwas falsch gemacht? Das ist doch undankbar! Oder sehe ich das zu eng? Dieses Buch gibt konkrete Antworten und alltagstaugliche Impulse für eine gesunde Eltern-Kind-Beziehung im Erwachsenenalter.

Wenn der Kontakt der erwachsenen Kinder zu den Eltern schwindet, werden Fragen, Erwartungen, Wünsche und Enttäuschungen bis hin zu Vorwürfen in einen Topf geworfen. Oftmals garniert mit intensiven Gefühlen wie Angst, Scham und Wut. Keine leichte Kost – übrigens für alle Beteiligten.

Dabei ist die Reise Ihres Kindes von Anfang an die Reise in sein eigenes Leben. Nach der Geburt besteht in den ersten Wochen und Monaten eine symbiotische Einheit zwischen Mutter und Kind. Danach folgt ab ungefähr eineinhalb Jahren die erste Autonomiephase – gerne als „Trotzphase des Kindes" betitelt. Hier ändert sich grundlegend etwas in der Eltern-Kind-Beziehung. Ihr Kind stellt fest: „Wow, ich kann auch ohne Mama leben – wie toll ist das denn!" Es entwickelt und erlebt sein eigenes Ich und seine Selbstwirksamkeit und äußert ganz gerade heraus: „Nein, ich will das selbst machen."

Die eigene Entwicklung geht weiter über Kindergarten, Grundschule und weiterführende Schule hinein in die Pubertät. Ab hier ist es dann wirklich vorbei mit der alten Eltern-Kind-Bezogenheit. Mädchen werden zu jungen Frauen; Jungs werden zu jungen Männern. Sie haben kein Kind mehr vor sich, sondern junge Erwachsene auf der Vorstufe zur Volljährigkeit.

In der Spätphase der Pubertät, die in der Wissenschaft beginnend ab 16 Jahren angesiedelt wird, hat sich Ihr Kind grundlegend gewandelt. Die körperlichen und seelischen Entwicklungsschübe, das Entdecken der Sexualität, das Finden von eigenen Werten und gesellschaftlichen sowie politischen Vorstellungen machen Ihr Kind zu einem erwachsenen Gegenüber. Sind Sie bereit, dieses Geschenk des Lebens anzunehmen?

Es dauert nicht mehr lange und Ihr Kind zieht aus. Pension Mama und Papa haben ausgedient. Es geht mit allen Konsequenzen ins eigene Leben. Können Sie von dieser Lebensphase als Familie Abschied nehmen? Wünschen Sie ihrem Kind alles Gute und Glück? Oder möchten Sie es eigentlich gar nicht? Soll Ihr Kind doch lieber bei Ihnen bleiben? Wenn schon nicht räumlich, dann wenigstens im „Dauerkontakt“ über Telefon, Social Media und wöchentliche Besuche?

Vielleicht empfinden Sie die letzten Zeilen als provokant. Eine Provokation ist eine Einstellung oder ein Verhalten, welches dazu führt, dass mein Gegenüber in eine Abwehrhaltung geht. Eine typische Abgrenzung ist die Kontaktvermeidung. Und genau das tun viele Kinder, die sich nicht mehr bei ihren Eltern melden. Sie halten Abstand; sie ziehen eine Grenze. Das schmerzt viele Eltern.

Eltern-Kind-Beziehung neu beleben

Das Anerkennen einer gestörten Eltern-Kind-Beziehung ist der Startpunkt für einen Neubeginn. Es ist hilfreich, das natürliche Bestreben nach Unabhängigkeit bei seinem Kind zu respektieren. Im Idealfall sogar handfest zu unterstützen.

Es tut gut, sich in der neuen Elternrolle als Mutter oder Vater eines erwachsenen Kindes einzufinden. Das heißt konkret: Richten Sie den Fokus weg vom Kind, hin zum eigenen Partner oder zu den Hobbys oder was auch immer.

Falls Sie schon Großmutter oder -vater sein sollten, dann nehmen Sie dies als Chance für eine neue Beziehungskultur. Wenn ihre Kinder selbst Eltern werden, erweitert sich die Perspektive. Plötzlich erleben sie selbst elterliche Gefühle. Als Oma und Opa können Sie Ihren Kindern und Enkelkindern ganz neu begegnen. Das führt oft zu Heilungen. Gleichzeitig bietet die Rolle der Großeltern auch das Potenzial für weitere Konflikte zwischen Ihnen und Ihrem Kind. Sie merken, es ist nicht einfach und doch lohnt es sich, die Eltern-Kind-Beziehung zu überprüfen und zu entwickeln.

Dieses Buch begleitet Sie dabei als Ratgeber für den Alltag. Die Intention ist, Ihnen Impulse und Tipps für typische Konfliktsituationen an die Hand zu geben. Für Ihr Handeln und Verhalten im Hier und Jetzt. Es ist kein therapeutisches Hilfsmittel. Wer sich darüber hinaus für die tiefenpsychologischen Ursachen eines Kontaktabbruches interessiert, findet weiterführende Lesetipps am Ende des Buches.

Der Grundgedanke dieses Buches ähnelt einem Kochbuch. Blättern Sie zu den Themen, die Sie interessieren. Jedes Kapitel ist einzeln lesbar. Einiges wird Sie packen und Ihnen helfen, anderes betrifft Sie eventuell gar nicht. Wie bei einem guten Essen reicht es jedoch nicht aus, das Rezept und die Zutaten zu kennen: Ihre Bereitschaft, Ihr Verhalten als Mutter oder Vater zu reflektieren und zu ändern, gibt Ihrem Kind die Chance, auch sein Kontaktverhalten neu zu überdenken. Das ist das eigentliche Erfolgsgeheimnis einer gesunden Eltern-Kind-Beziehung.

Ich wünsche Ihnen von Herzen gutes Gelingen!

Ihr

Sascha Schmidt

Paar- und Familienberater (familylab)
www.wieder-paar-sein.de

MEIN KIND WIRD FLÜGGE

Mit der Pubertät beginnt die endgültige Loslösung der Kinder vom Elternhaus. Manifestiert wird dies schließlich durch den Auszug. Ihre elterlichen Reaktionen auf diese wichtigen Lebensabschnitte Ihres Kindes beeinflussen maßgeblich die zukünftige Qualität des Kontakts.

Wenn die erwachsene Eltern-Kind-Beziehung aus dem Lot ist, reicht die Verwerfung sehr oft bis in die Vergangenheit zurück. Deshalb lohnt sich ein ehrlicher Blick zurück in die Zeit, in der Ihr Kind bei Ihnen wohnte und von Ihnen abhängig war.

Die Lebensreise eines Kindes bei und mit seinen Eltern ist von Anfang an ein Aufbruch in das eigene, selbstbestimmte Leben. Es ist ein Balanceakt von Nähe und Distanz, Fürsorge und Loslassen, Kontrolle und Vertrauen, elterlicher Führung und kindlicher Eigenständigkeit, Lebenserfahrung und Lebensbeginn, Macht und Ohnmacht.

Evolution Eltern-Kind-Beziehung

KIND **Ich liebe meine Eltern, doch jetzt beginnt mein Leben!**
ELTERN **Wir wollten und wollen nur das Beste!**

Schon ab eineinhalb Jahren strebt das Kleinkind in Richtung Autonomie und Selbstwirksamkeit. Dies wird gerne als „Trotzalter des Kindes“ bezeichnet. Das stimmt so nicht ganz. Nicht die Kinder, sondern die Eltern werden trotzig. Plötzlich hat das Kind einen eigenen Willen und äußert diesen auch noch lautstark. Als Mutter oder Vater hielten Sie dagegen. Je nach Generation autoritär, d. h. Sie forderten gehorsam vom Kind ein, oder antiautoritär, d. h. Sie ließen Ihr Kind einfach machen.

Das Familienleben ging weiter. Ihr Kind kam in den Kindergarten und in die Schule. Hier streben Kinder weiter nach Eigenständigkeit. Sie wollen alleine losgehen, entwickeln eigene Freundschaften, brauchen elternfreie Zeit. In dieser Zeit wirkten Sie als Eltern mit Ihrer Erziehung auf das Kind ein. Und zwar nicht mit dem, was Sie sagten, sondern mit der Art, wie Sie es machten.

STRUKTUR DER BEZIEHUNGS-DNA VERSTEHEN

In der Kindheit legten Sie als Eltern den Grundstein für die zukünftige Eltern-Kind-Beziehung. Die Verantwortung für die Qualität der Beziehung liegt bei Ihnen. Ihr Kind passt sich den Gegebenheiten in der Familie an. Das machen Kinder, um emotional überleben zu können. Denn als Baby, Kleinkind und Kind sind sie abhängig von den Eltern. Welche Grundeinstellung hat Ihr Kind bei Ihnen erlebt?

- „Ich bin okay, so wie ich bin!" oder
- „Ich bin okay, wenn ..."

Haben Sie es in den ersten zwölf Lebensjahren Ihres Kindes geschafft, ihm immer wieder zu signalisieren, dass es wertvoll ist, dass es bedingungslos geliebt wird? Oder neigten Sie eher dazu, diese Herzensrückmeldung mit Bedingungen à la: „Du bist wertvoll, wenn du brav bist" oder „Du bist okay, wenn du Leistung bringst", zu verknüpfen?

Hinterfragen Sie sich ehrlich wie Sie damals als Mutter oder Vater waren. Wirksam ist hierbei oft ein Gespräch mit anderen Beteiligten (Freunde, Großfamilie) aus der Zeit, um die Selbstwahrnehmung mit einer Fremdwahrnehmung abzugleichen.

Es hilft, wenn Sie verstehen und anerkennen, wie Sie sich früher verhalten haben. Ihr Kind kommuniziert mit Ihnen heute bewusst oder unbewusst weiterhin auf Basis dieser Erfahrungen.

Familiäre Beziehungskultur

Die DNA für die grundlegende Beziehungskultur zu Ihrem Kind wurde in dieser Zeit gelegt. Ihr Kind hat ganz tief im Inneren abgespeichert, wie Beziehung mit Ihnen geht. Im Idealfall weiß es, dass es fast immer gesehen wurde in all seinen Bedürfnissen und Gefühlswelten; dass es sein durfte, wie es war. Und dass Mama und Papa mit einer herzlichen Führung Stabilität, Sicherheit und Struktur gaben.

In meinen Beratungen höre ich oft andere Geschichten. Dass man als Kind okay war, wenn man gehorsam dem elterlichen Willen folgte. Oder dass die Eltern mit sich beschäftigt waren und man als Kind viel zu früh ein kleiner Erwachsener werden musste, um emotional überleben zu können.

Pubertät als Sollbruchstelle

Die Pubertät ist der Beginn vom Ende der alten Familie. Sie ist von der Natur gewollt. Mit der Geschlechtsreife kann das Kind theoretisch eine eigene Familie gründen. Es könnte selbst Mutter oder Vater werden. Das passiert heutzutage eher selten. Laut dem Statistischen Bundesamt liegt das Alter der Mutter beim ersten Kind seit 2014 im Durchschnitt bei Plusminus 30 Jahren. Es bleibt also genug Zeit, sich vom Jugendlichen zum Erwachsenen zu entwickeln, sich zu erproben und sein eigenes, unabhängiges Leben aufzubauen.

Die Pubertät, die in der Vorstufe häufig nach der Grundschule beginnt, hat ihren Höhepunkt im Alter von 12 bis 16 Jahren. Danach klingt sie ab. Die körperlichen und mentalen Veränderungen werden akzeptiert und ins eigene wie ins Familienleben integriert. In der Hochphase der Pubertät erleben Eltern häufig den ersten ernsthaften Kontaktabbruch:

- Das schweigende Kind.
- Die verschlossene Tür zum Jugendzimmer.
- Die Abwesenheit am Wochenende.

- Das Desinteresse an gemeinsamen familiären Aktionen.
- Kein Bock auf Familienurlaub.

Das sind alles ganz natürliche Aktionen und Reaktionen Ihres Kindes auf dem Weg in die Eigenständigkeit. Kein Grund zur Sorge oder Panik. Und doch eine Zeit, in der die Gefahr besteht, dass Eltern es verpassen, Abschied zu nehmen vom alten Familienleben. Sie klammern an der schönen Vergangenheit. Ist dies der Fall, dann muss das Kind umso mehr Energie aufbringen, um sich loslösen zu können. Der temporäre Kontaktabbruch ist da eher eine Art Selbstschutz des Kindes als ein Angriff auf die Eltern.

Die Kunst der Eltern liegt darin, dies so zu sehen und nicht beleidigt oder verletzt zu schmollen. Sie spielen jetzt keine Hauptrolle mehr im Leben Ihrer Kinder. Doch Sie bleiben immer – bis über den Tod hinaus – Mutter und Vater und damit ganz wichtige Bezugspersonen für Ihr Kind – im Guten wie im Schlechten.

Der dänische Familientherapeut Jesper Juul (1948–2019) empfahl Eltern von pubertierenden Jugendlichen ganz simpel, man möge seinen Partner wieder neu entdecken. **Die Idee dahinter: Fokus weg vom Kind**. Das Kind hat über zehn Jahre das Rüstzeug für das eigenständige Leben von Ihnen als Eltern bekommen. Jetzt beginnt es, dies alleine zu nutzen und Erfahrungen zu sammeln. Als Mutter oder Vater stehen Sie in der Not bei oder geben gerne auf Nachfrage einen Tipp. Das war es dann aber auch.

Beruhigend dazu die Aussage eines 21-jährigen Mannes an seine Mutter: „Mama, jetzt ist es durch. Wir können wieder normal miteinander kommunizieren.“ Das macht deutlich, dass die Kinder selbst merken, dass in der Phase der Pubertät einiges durcheinandergerät. Wenn die Eltern dabei nicht auch noch Druck machen, sondern gelassen an der Seitenlinie des Lebens stehen und Hilfe anbieten, wenn sie benötigt wird, dann ist ein wunderbares Umfeld für eine gesunde Loslösung während der Pubertät geschaffen.

Familie im Glück!
Michèle Liussi
Kinderleicht ins Gespräch
nmen
erische Ideen für
-Kind-Kommunikation
humboldt
Inke Hummel
Miteinander durch die Grundschulzeit
Weniger Druck, weniger Streit
Beziehung stärken & gelassen begleiten
So schafft dein Kind den Schulalltag
SPIEGEL Bestseller-Autorin
humboldt
humboldt
... bringt es auf den Punkt.

Inke Hummel

Mit allen Sinnen wachsen

- Der erste Elternratgeber zur „kindlichen Wahrnehmung" und „Eigenwahrnehmung" – wichtigen Schlüsseln für ein entspanntes Familienleben
- Für Eltern mit 2-6-jährigen Kindern

240 Seiten
ISBN 978-3-8426-1699-8
€ 22,00 [D] · € 22,70 [A]

Inke Hummel

Miteinander durch die Babyzeit

- Sicher und bindungsstark durchs erste Babyjahr
- Alltagsnaher Wegweiser in den Bereichen „Denken und Wahrnehmen", „Gefühle und Miteinander" sowie „Bewegen und Entdecken"

208 Seiten
ISBN 978-3-8426-1669-1
€ 20,00 [D] · € 20,60 [A]

Inke Hummel

Nicht zu streng, nicht zu eng

- Das richtige Maß zwischen Überbehüten und Strenge finden und die Eltern-Kind-Bindung stärken
- Tipps aus der bindungsorientierten Beziehung für Eltern von Babys, Kleinkindern, Vor- und Grundschulkindern

200 Seiten
ISBN 978-3-8426-1662-2
€ 18,00 [D] · € 18,50 [A]

Inke Hummel

Miteinander durch die Grundschulzeit

- Mit den Top-Themen aus Familienberatungen: Angst vor der Schule, Ärger mit Gleichaltrigen, Konflikte wegen Hausaufgaben, verändertes Miteinander
- Für Eltern von 5–10-jährigen Kindern

224 Seiten
ISBN 978-3-8426-1717-9
€ 22,00 [D] · € 22,70 [A]

Dirk Fiebelkorn

Mit meinem Sohn durch die Kita-Zeit

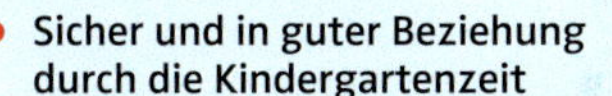

- Sicher und in guter Beziehung durch die Kindergartenzeit
- Erklärungen und Lösungen für typische Stress-Situationen mit Jungs: nicht verlieren können, wild sein, mit Waffen spielen, Medienzeit u.v.a.

200 Seiten
ISBN 978-3-8426-1723-0
€ 22,00 [D] · € 22,70 [A]

Michèle Liussi

Kinderleicht ins Gespräch kommen

- Mit alltagstauglichen Impulsen, damit Eltern mit ihren Kindern spielerisch ins Gespräch kommen
- Bindung vertriefen und Konflikte lösen – die besten Tipps für mehr Leichtigkeit im Familienalltag

184 Seiten
ISBN 978-3-8426-1720-9
€ 22,00 [D] · € 22,70 [A]

KONTAKTABBRUCH IN DER PUBERTÄT VERSTEHEN UND MEISTERN

Wenn Kinder beginnen zu schweigen, liegt es oftmals daran, dass sie die Erfahrung gemacht haben, es werde ihnen nicht zugehört oder sie werden nicht verstanden. Dieser Eindruck fällt nicht vom Himmel, sondern basiert auf den kindlichen Erlebnissen in der Kommunikation mit den Eltern.

Kinder tun sich in dem Alter – und später auch – sehr schwer, ihre Eltern offen zu kritisieren. Das mag Sie verwundern. Vielleicht erlebten Sie heftige Konfrontationen während der Pubertät mit Ihrem Kind. Doch vermutlich hat Ihr Kind Ihnen niemals gesagt, dass es das Ergebnis Ihrer Beziehungs- und Erziehungskompetenz sei. Und dass Sie Mitverantwortung daran tragen, wenn es sich jetzt zum Beispiel nicht abgrenzen kann beim Alkoholkonsum in der Clique. Wie auch? Es hat nie gelernt, dass man sich abgrenzen darf und soll. Es sollte ja immer schön gehorsam folgen. Das tut es jetzt auch. Nur nicht mehr Ihnen, sondern der Clique.

Diese frühkindlichen und kindlichen Erfahrungen wirken weiter – bis ins hohe Erwachsenenalter. Ein schweigendes oder ausweichendes Kind à la: „Ich weiß nicht!", ist eine Aufforderung an Sie, Ihr Kind neu und vorurteilsfrei zu entdecken.

Die Leitfrage lautet: Wer bist du? Werfen Sie vorher alles über Bord, was Sie glaubten, über die Persönlichkeit Ihres Kindes zu wissen. Entdecken Sie Ihr Kind neu und nähern Sie sich ihm langsam und zugewandt. Also nicht: „Sprich mit mir! Ich kann dir helfen!", sondern „Ich sehe deine Schwierigkeiten mit xy. Ich möchte dir helfen, wenn du magst. Wie kann ich dich unterstützen?"

Auch wenn Ihr Kind mit: „Weiß ich auch nicht" antwortet, hat es trotzdem ein sehr großes Geschenk von Ihnen erhalten: Es wurde gesehen in seinem Dilemma. Es wurde gleichzeitig in Ruhe gelassen, um seinen eigenen Weg zu finden. **Es ist okay, so wie es ist.** Schöner geht es für kein Kind!

Mein Kind zieht aus

KIND Wenn ich nach Hause komme, dann finde ich mein Jugendzimmer unverändert vor. Das verstehe ich nicht. Wieso kleben meine Eltern so an der Vergangenheit?
MUTTER Es tut immer wieder gut, in dem Zimmer unseres Jungen zu stehen. Es ist, als ob er noch da wäre. Das hilft mir, den Verlust besser zu verdauen.

Irgendwann schlägt in jeder Familie die Stunde der räumlichen Trennung. Ihr Kind zieht aus. Zurück bleibt ein leeres Zimmer, ein Stapel an Erinnerungen, Abschiedsschmerz im Herzen und eventuell ein Gefühl der Erleichterung. Das ist eine Frage Ihrer Haltung!

Spätestens mit Beginn der Volljährigkeit und dem Abschluss der Schule oder der Ausbildung stellt sich die Frage: Wann zieht mein Kind aus? Womöglich konnten Sie schon üben und es gab während der Schulzeit die erste Trennungserfahrung vom Elternhaus durch einen Schüleraustausch oder Ihr pubertierendes Kind übernachtete bei Freunden und war kaum noch zuhause.

Es kann jedoch auch sein, dass es Sie kalt erwischt. Dass die Ankündigung: „Ich ziehe aus“ Ihre Welt zusammenbrechen lässt. Eltern reagieren mit emotionalen Bitten: „Bleib noch hier wohnen; es ist doch schön so“ oder mit rationalen Appellen: „Die Mietkosten kannst du doch sparen“, um den Nachwuchs am Gehen zu hindern.

Das tut am Ende weder Ihnen noch Ihrem Kind gut. In solchen Fällen merken Sie Ihre Verlustangst und die eigene Bedürftigkeit nach der Nähe zu Ihrem Kind. Ihr Kind muss noch mehr Kraft aufbringen, sich vom Elternhaus zu lösen, weil es spürt, dass Sie als Mutter oder Vater emotional damit zu kämpfen haben. **Kein Kind der Welt möchte seine Eltern leiden sehen oder das Gefühl haben, die Ursache des Leids zu sein!**

Wichtig ist, anzuerkennen, dass die Ursache für Ihr mögliches Leiden nicht der Auszug Ihres Kindes ist, sondern Ihre mütterliche oder väterliche Einstellung zu diesem ganz normalen Entwicklungsschub im Familienleben. Kinder gehen in die Welt hinaus. Sie ziehen in die Nachbarschaft, in die nächste Stadt, in ein anderes Land oder wechseln gar den Kontinent. Wo ist das Problem? Es liegt bei Ihnen. Das ist eine gute Botschaft, denn so können Sie direkt etwas ändern. Es liegt in Ihrer Hand, wie Sie den Auszug und die Trennungsphase erleben wollen.

Mein Kind will ausziehen

Sobald Ihr Kind Pläne für seine Zukunft schmiedet, wird Ihnen klar, dass Ihr bisheriges Familienleben endlich ist. Jetzt dürfen Sie innerlich bekennen: **Möchte ich Rückenwind oder Gegenwind für mein Kind sein?**

Fast alle Eltern werden spontan sagen: „Natürlich Rückenwind. Was für eine Frage!" Wieso bläst Ihrem Kind gefühlt jedoch elterlicher Gegenwind ins Gesicht bei seiner Auszugsentscheidung? Weil Sie eventuell eine konkrete Vorstellung haben, wohin das Kind ziehen soll, wie und wann der Auszug stattfinden soll. Sie versuchen also, Ihr Kind weiter zu lenken – nicht im Sinne der Wünsche Ihres Kindes, sondern im Sinne Ihrer Bedürfnisse nach Nähe oder gar Kontrolle.

Das ist kein guter Beginn für eine erwachsene Eltern Kind-Beziehung. Kontaktminderung und Frust ist programmiert.

EIGENTLICH WOLLTE ANDREA NACH BERLIN …

Andrea will mit 19 Jahren aus ihrem Dorf in Bayern nach Berlin ziehen. Doch ihre Mutter lag ihr dauernd in den Ohren: Sie möge sich dies richtig gut überlegen. Die Entfernung zur Oma mit ihren 80 Jahren sei viel zu groß. Wer weiß, wie lange sie noch lebt. Und überhaupt, die Gefahren in der Großstadt. Wieso sie nicht einfach ins nahe gelegene bekannte Augsburg ziehen wolle? Da könne sie auch immer spontan nach Hause kommen.

Andrea zieht nach Augsburg in eine WG. Bei ihren Eltern meldet sie sich kaum oder offenbar widerwillig. Bei einem Wochenendbesuch eskaliert die Situation. Andreas Mutter möchte wissen, wieso Andrea so griesgrämig sei. Andreas Antwort folgt sofort: „Ich lebe nicht meinen Traum. Das frustriert mich."

In dem Beispiel von Andrea steckt eine tiefere Botschaft. Sie lautet: Ich hatte als volljähriges Kind nicht die Kraft, meinem Traum zu folgen. Das schmerzt und frustriert mich. Ich hätte mir mehr Unterstützung von meinen Eltern gewünscht.

Die Reaktion der Mutter wird die zukünftige Qualität der Mutter-Tochter-Beziehung bestimmen. Antwort eins könnte lauten: „Ach, das ist gar nicht so schlimm. Dein Vater und ich, wir freuen uns so sehr, dich zu sehen. Nun hab dich mal nicht so. Das wird schon alles gut werden." Hier wird die alte Eltern-Kind-Beziehung manifestiert. Andrea möge sich nicht so anstellen und außerdem ist alles gut. Punkt. So hat Andrea keinen Raum, ihre Frustration aufzulösen und diese wird in der Eltern-Kind-Beziehung weiterhin eine Rolle spielen. Dies wird es Andrea schwermachen, regelmäßig und liebevollen Kontakt zu ihren Eltern zu pflegen.

Antwort zwei bietet die Chance für einen Neubeginn: „Oh, das war mir gar nicht bewusst, dass ich noch so einen großen Einfluss auf dich hatte. Es tut mir leid, dass meine Bedürfnisse und Ängste dich zu verlieren, dazu führten, dass du auf einen Traum verzichtet hast. Ich kann das nicht mehr ändern. Aber ich will dir sagen, dass ich dir niemals im Wege stehen möchte, sondern dich unterstützen will in allem, was du tust. Bitte verzeih mir, dass ich damals dazu noch nicht fähig war."

Die zweite Antwort bedarf einer großen Selbstreflexion der Mutter. Im selben Augenblick ist diese Selbsterkenntnis und -offenbarung, ein riesengroßes Geschenk für Andrea. Sie bekommt signalisiert, dass die Mutter ihr nicht im Wege stehen möchte und die Verantwortung dafür übernimmt, sie damals bedrängt zu haben. Hier begegnen sich zwei Erwachsene auf Augenhöhe.

Ich will, dass mein Kind auszieht

Die Pension-Mama kann praktisch sein. Es gibt Kinder, die den Essens- und Wäsche-Service sowie das mietfreie Wohnen nicht missen wollen. Und es gibt Eltern, die sich nichts mehr wünschen, als den Auszug des Kindes. Um sich selbst zu verändern, eventuell das Familienhaus im stillen Vorort einzutauschen gegen eine schicke Stadtwohnung mit belebten Straßen.

Die Frage lautet: Wie schaffe ich es, dass mein Kind auszieht, ohne sich abgeschoben zu fühlen? Antwort: Gar nicht. Das Einzige was Sie schaffen können, ist eine einfühlsame und klare Ansage an Ihr Kind. Wie sich Ihr Kind damit fühlt, können Sie nicht beeinflussen. Gefühle gehören exklusiv dem Fühlenden. Ob sich Ihr Kind missachtet, wütend, überfordert fühlt oder Ihnen klammheimlich für den Impuls dankt, ist offen.

Es kann auch sein, dass Sie befürchten, dass Ihr Kind sozial abrutscht. Sie gleichzeitig aber den Lebensstil mit Kiffen in der Freizeit und nächtlichen Computerspielen in Ihrem Haus oder Ihrer Wohnung nicht mehr haben wollen.

Bedeutsam ist die Art und Weise, wie Sie das Ende des Zusammenlebens mit Ihrem Kind einläuten. Formulieren Sie Ihren Standpunkt in einer persönlichen und klaren Sprache:

- Ich will, dass du im Sommer ausziehst.
- Mich stört der Alkoholkonsum und die Partys. Dafür steht unser Haus/unsere Wohnung nicht mehr zur Verfügung.
- Dein Vater und ich wollen uns verkleinern und in einen anderen Ort ziehen. Daher musst du bis Herbst eine neue Bleibe für dich gefunden haben.

Das mag herzlos klingen, ist es aber nicht. Es ist herzliche Klarheit, wenn Sie es zugewandt und mit Augenkontakt formulieren. Diese Klarheit ist die Basis für die zukünftige Beziehungskultur mit Ihrem Kind. Ihr Kind wird höchstwahrscheinlich nicht Applaus klatschen und sich bedanken, sondern eher genervt und beleidigt sein – kombiniert mit Rückzug. Lassen Sie dies zu. Das ist eine ganz natürliche Reaktion auf die Ankündigung einer subjektiv unangenehmen Veränderung.

Das Geschenk an ihr Kind ist zugleich, dass sie es nicht als „falsch" deklariert haben. Das würde passieren, wenn Sie Ihr Anliegen wie folgt vorbringen:

- Dauernd trinkst du Bier und machst Party mit deinen komischen Freunden. Das gehört sich nicht. Du musst ausziehen.
- Du störst unsere Pläne, wir wollen uns verkleinern. Merkst du das denn nicht?

Der Unterschied fällt beim Lesen sofort auf. Du- statt Ich-Botschaften. Der Nachteil einer Du-Botschaft ist, dass Ihr Kind sich nicht mit Ihrem Anliegen auseinandersetzt und es verarbeitet, sondern innerlich Rechtfertigungen und Verteidigungsstrategien sucht. Dabei kommt kein guter Eltern-Kind-Kontakt heraus.

FÜNF TIPPS FÜR DIE AUSZUGSPHASE

1. Besprechen Sie die zukünftigen Szenarien frühzeitig mit Ihrem Kind. Zentrale Fragen sind:
   a) Wie und wo möchte mein Kind leben?
   b) Wie kann ich es dabei unterstützen?
2. Besprechen Sie mit Ihrem Partner, wie Sie ohne Ihr Kind leben wollen. Zentrale Fragen sind:
   a) Wollen wir das Jugendzimmer auflösen?
   b) Wenn ja, wann und wie?
   c) Wenn nein, wieso nicht?
   d) Wollen wir auch perspektivisch raus aus dem Familienhaus- oder -wohnung?
   e) Was werden wir machen als Paar ohne Kind im Haus?
3. Fragen Sie Ihr Kind, welche Hilfe es in der Auszugsphase haben möchte und welche nicht. Denken Sie daran, es ist volljährig und startet in sein eigenes Leben. Bieten Sie an, was Sie anbieten möchten. Ihr Kind kann dann Ja oder Nein sagen.
4. Wenn der Zeitpunkt da ist, zeigen Sie Ihre Gefühle ohne sich von ihnen leiten zu lassen: „Ich bin traurig, dass du ausziehst. Ich wünsche dir viel Glück beim Start in die Unabhängigkeit."
5. Feiern Sie den Auszug als einen Entwicklungsschritt in der Familie. Ihr Kind geht in seine Welt und Sie justieren Ihre Welt neu. Ein Grund für ein gemeinsames Abschiedsfest.

1×1 GUTER ELTERN-KIND-BEZIEHUNGEN

Familien sind ein hochkomplexes soziales Gebilde. Bedürfnisse, Erwartungen, Gefühle und Werte prallen aufeinander. Vier Impulse für eine Beziehung auf Augenhöhe.

Für eine gelungene Eltern-Kind-Beziehung im Erwachsenenalter ist es hilfreich, Ihrem Kind auf Augenhöhe zu begegnen. Es ist nicht mehr Ihre „Kleine" oder Ihr „Bub", sondern ein eigenständiges erwachsenes Gegenüber. Sie verbindet die gemeinsamen Beziehungserfahrung während der Kindheit, doch jetzt lebt Ihr Kind in seiner Welt und bestimmt mit, wie der Kontakt zu Ihnen gestaltet wird.

Das alte Abhängigkeitsverhältnis ist aufgehoben – zumindest an der Oberfläche. Bei schwierigen Eltern-Kind-Beziehungen im Erwachsenenalter wirken die gemeinsamen ersten 18 Jahre nach (dazu mehr im folgenden Kapitel *Kontaktminderung verstehen lernen* auf Seite 41).

Der dänische Familientherapeut Jesper Juul (1948–2019) hat auf Basis seiner langjährigen Erfahrungen mit schwierigen und herausfordernden Familiensituationen Werte beschrieben, die helfen, eine gesunde Eltern-Kind-Beziehung zu etablieren. Diese vier Werte sind darüber hinaus wunderbare Impulse für den erwachsenen Eltern-Kind-Kontakt (siehe Buchtipps auf Seite 196).

Prinzip der Gleichwürdigkeit

KIND 1 **Als Kind konnte ich meine Gefühle immer ausdrücken ohne Angst haben zu müssen, dass meine Eltern dies ins Lächerliche ziehen. Das tat gut.**

ELTERN 1 **Uns war es wichtig, dass unser Kind seine Gefühle kennenlernt und zeigt. Das war nicht immer einfach.**

KIND 2 **„Indianer kennen kein Schmerz", war der Lieblingssatz meines Vaters. Ich habe immer versucht, tapfer die Tränen wegzudrücken, wenn ich mir weh getan habe. Heute weiß ich, so ein Quatsch! Doch in mir drin steckt immer noch dieser blöde Satz.**

VATER 2 **Mir war es wichtig, dass mein Junge sich durchsetzen kann. Daher wollte ich ihm einimpfen, dass man die Zähne zusammenbeißen muss. Dass ihn das jetzt als Mann auch noch so beschäftigt, hätte ich nicht gedacht.**

Ein gleichwürdiger Umgang innerhalb der Familie bedeutet, dass jedes Familienmitglied ein Recht auf seine Meinung und Gefühle hat – unabhängig von Alter und Geschlecht. Das ist ein neuer Gedankengang. Gerade für Eltern, die eventuell selbst noch autoritär erzogen wurden. In der Gehorsamskultur gab es für Gefühle und Gedanken der Kinder keinen Platz.

Die große Kunst der gleichwürdigen Beziehung liegt im Sehen und Anerkennen des Gegenübers in all seinen Facetten. Egal ob sich Ihr Kind freut, ärgert, Angst hat oder trauert, es ist okay und darf so sein. Das Gleiche gilt selbstverständlich auch für Sie als Elternteil. Das ist das größte Beziehungsgeschenk, dass wir jemandem machen können. Unser Gegenüber einfach sehen im Hier und Jetzt, ohne zu werten oder etwas anderes sehen zu wollen.

Hindernisse für Gleichwürdigkeit

Gleichwürdigkeit ist schwer zu leben. Zu stark sind elterliche Wünsche und Erwartungen an das Kind. Es möge zum Beispiel den richtigen Beruf wählen, nicht zu weit weg ziehen und das zukünftige Schwiegerkind soll Ihren Vorstellungen entsprechen. Die Liste ließe sich endlos fortschreiben.

Doch Ihrem Kind geht es wahrscheinlich nicht anders. Es wünscht sich in Teilen vielleicht auch eine andere Mutter oder einen anderen Vater. Eltern mit mehr Empathie oder Interesse an seinem Leben. Endlich einmal ein Besuch von Ihnen in seiner Welt und nicht nur die Erwartung, es möge doch zum Besuch ins Elternhaus kommen. Hier ist die Wunschliste genauso individuell und endlos.

VATER, SOHN UND DIE TASCHE

Thomas (29) kommt zu Besuch nach Hause. Es gibt etwas zu feiern: Er ist zur Führungskraft in seinem Job befördert worden. Mit einem Glas Sekt stößt er mit seiner Mutter und seinem Vater darauf an.

Sein Vater nimmt ihn kurz zur Seite: „Schau mal Thomas, diese alte Ledertasche hatte ich früher im Büro. Jetzt schenke ich sie dir. Pass gut auf sie auf."

Zufrieden lächelnd dreht der Vater sich zur Mutter um. Er übersieht das irritierte Gesicht seines Sohnes. Thomas sagt: „Danke Papa. Doch erstens ist das nicht mein Stil und zweitens lehne ich als Veganer tierische Produkte ab. Wäre schön, wenn du das endlich akzeptieren würdest."

Sein Vater zuckt erschrocken zusammen. „Wie kann man nur so undankbar sein", rutscht es ihm heraus. Er nimmt die Tasche und verlässt den Raum.

Thomas' Mutter blickt ihn an und sagt: „Muss das sein. Ich habe mich so auf deinen Besuch gefreut. Doch schon nach zehn Minuten hast du wieder Zoff mit deinem Vater. Bitte gehe dich entschuldigen. Ich möchte so gerne ohne schlechte Stimmung mit euch zu Mittag essen."

Thomas' Magen zieht sich zusammen. Er bereut es schon jetzt, überhaupt zu Besuch gekommen zu sein.

Das Beispiel im Kasten ist archetypisch für Familienkonflikte. Der Vater möchte seinem Sohn Anerkennung zeigen und hat dabei total übersehen, dass Thomas ganz anders tickt. Sein Geschmack geht wohl eher in Richtung Hipster-Rucksack als alte Aktentasche. Und seine ethischen Werte lehnen Lederprodukte ab.

Doch Thomas übersieht auch seinen Vater. Er nimmt den Impuls seines Vaters gar nicht wahr, ihm eine Freude machen zu wollen. Das Geschenk wird als Angriff gewertet; es ist ein weiterer Beweis dafür, dass sein Vater ihn nicht sieht und ernst nimmt. Die Eskalation ist vorhersehbar.

Im Modus der Gleichwürdigkeit könnte das Vater-Sohn-Gespräch wie folgt verlaufen:
Vater: „Schau mal Thomas, diese alte Ledertasche hatte ich früher im Büro. Jetzt schenke ich sie dir. Pass gut auf sie auf."
Thomas: „Danke Papa. Schön, dass du mir was schenken möchtest. Doch ganz ehrlich, die Tasche ist nicht mein Stil und außerdem bin ich ja Veganer, wie du weißt. Da lehne ich auch Ledertaschen ab, tut mir leid."
Vater: „Oh, schade. Ich hänge so an der Tasche und wollte sie dir vererben – als ein Teil von mir. Und es tut mir leid, dass ich immer wieder vergesse, dass du Veganer bist. Das ist für mich einfach nicht nachvollziehbar."

In diesem Dialog sieht jeder den anderen, ohne sich zu verbiegen und ohne den anderen überzeugen zu wollen. Jeder darf sein, wie er ist. Beide erleben eine Enttäuschung. Der Vater, der merkt, dass Thomas sich nicht freut; Thomas, der merkt, dass sich sein Vater immer noch nicht gemerkt hat, dass er vegan lebt. Ein gleichwürdiges Happy End wäre, wenn es ihnen beiden gelingen würde, sich zu umarmen und zu sagen „Du bist echt anders als ich. Dafür liebe ich dich!"

1×1 DER GLEICHWÜRDIGKEIT

Gleichwürdigkeit ist keine Methode, die Sie in drei Schritten lernen. Es ist eine innere Haltung und Weisheit, die Sie Tag für Tag, Stunde für Stunde, Minute für Minute üben können – immer im Bewusstsein, dass es oftmals nicht gelingen wird. Die kleinen Schritte und Erfolge sind hier wichtiger als die 100-prozentige Zielerreichung. Anfangs lohnt sich die Selbstreflexion zu folgenden Fragen:

- Kann ich andere Menschen lassen, wie sie sind?
- Kann ich mich lassen, wie ich bin?
- Wieso fällt mir beides eventuell schwer?

Auf persönliche Integrität achten

KIND Als Kind musste ich vor dem Essen immer beten. Ich habe mich intensiv mit dem Thema Christentum und Kirche befasst. Vieles davon kann ich nicht unterschreiben. Ich bin auf der Suche und probiere gerade viele Arten der Spiritualität aus. Für meine Eltern ist das ein Tabu. Doch ich kann und werde keine Texte aufsagen, an die ich nicht glaube!

ELTERN Wir sind eine christliche Familie. Das Tischgebet ist für uns sehr wichtig. Seit unser Sohn ausgezogen ist, verweigert er konsequent mit uns zu beten, wenn er mal zu Besuch ist. Das tut weh. Wenn mein Mann und er dann noch anfangen über die Kirche zu diskutieren, ist die Stimmung oft im Keller. Wieso kann er nicht einfach uns zuliebe mitbeten?

Sich abzugrenzen ist eine hohe Kunst. Kaum jemand hat sie richtig gelernt. Tagtäglich finden kleine und große Grenzüberschreitungen statt zwischen Partnern, Eltern und Kindern, im Kreis der Großfamilie, im Job, beim Einkaufen oder sonst wo.

Integrität bedeutet Treue zu sich selbst

Integrität ist ein philosophischer Begriff aus der Ethik. Integer leben bedeutet, dass Sie in bestmöglicher Übereinstimmung mit Ihren Werten und Idealen leben. Das ist mühsam. Es setzt voraus, dass Sie Ihre Werte und Ideale kennen bzw. ausgebildet haben während Ihres Lebens. Zwei Fragen, um ihnen auf die Spur zu kommen sind:

- Was ist Ihnen wichtig?
- Wieso ist es Ihnen wichtig?

Wenn Sie die Antworten darauf formuliert haben, kommen weitere Impulse zur Selbsterforschung:

- Basieren Ihre Werte und Ideale auf Lebenserfahrung oder sind sie übernommen von den Eltern oder der Gesellschaft?
- Haben Sie im Falle der Übernahme diese Werte und Ideale einmal persönlich hinterfragt?

Übernommene Werte und Ideale können ein hilfreiches Gerüst und ein wegweisender Kompass im Leben sein. Gleichzeitig können sie dazu führen, dass die Welt sehr einseitig und beschränkt gesehen wird. Sie verpassen viel, wenn Sie nicht die Neugierde und den Mut haben, einmal über den Tellerrand zu schauen.

Persönliche Integrität ist ein Mix aus traditionellen Werten – erfahren in der Familie – sowie individueller Lebenserfahrung.

Persönliche Integrität hat Konfliktpotenzial

Das Leben von Werten und Idealen führt automatisch zu Konflikten. Es gibt innere Konflikte à la:

- „Ich möchte den Einzelhandel unterstützen. Doch E-Commerce ist so praktisch."
- „Klimawandel und Umweltschutz sind mir sehr wichtig. Mein alter Diesel ist einfach cool. Da hängen soviel Erinnerungen dran."
- „Ich will mehr Bücher lesen. Doch irgendwie komme ich von den Netflix-Serien nicht los."

Der Umgang mit diesen Konflikten ist unterschiedlich. Es gibt Menschen, die können über ihr Verhalten gütig lächeln und andere gehen mit einem schlechten Gefühl des Versagens ins Bett. Zu welcher Sorte gehören Sie?

! **GEBURT UND VERLAUF DER INTEGRITÄT**

Schon ein Baby macht erste Erfahrungen, dass seine Integrität bzw. seine Grenzen verletzt werden. Wenn es schreit und an die Mutterbrust genommen wird, obwohl es gar keinen Hunger hat, sondern Bauchschmerzen, dann erlebt es eine körperliche Grenzverletzung. Es kann sich nicht dagegen wehren, weil es zu klein ist und ihm die Sprache fehlt, sich zu äußern.

Eine aufmerksame Mutter spürt schnell, dass es nicht trinken will und wird versuchen, das Baby anders zu beruhigen. Eine Mutter, die das Baby trotzdem zum Trinken bringen möchte, manifestiert das Gefühl einer Grenzverletzung im Baby.

Als Kleinkind kann es seine Befindlichkeiten und seinen Willen kundtun. In dieser wichtigen Phase der Autonomie („Trotzalter") besteht es mit klaren Ansagen auf seine Integrität:
- Ich will das nicht!
- Lass mich!
- Nein. Nein. Nein.

Ihr Kind und Sie erleben ab jetzt ein dauerhaftes Ringen zwischen „Ich passe mich an und mache, was meine Eltern wollen" und „Ich will meine Individualität weiterentwickeln und ausleben."

Dieses Ringen bekommt einen weiteren Höhepunkt in der Pubertät. Auch danach, mit dem Auszug Ihres Kindes und im Erwachsenenalter, bleibt dieser Zwiespalt zwischen Anpassung an die Eltern und dem eigenen Leben bestehen. Es gehört zum Leben dazu!

Äußere Konflikte sind anstrengender, sie verlangen von Ihnen die Verteidigung Ihres Standpunktes, vielleicht sogar eine klare Ansage. Sie gehen mit dem Risiko einher, Ihr Gegenüber zu enttäuschen:

- „Die Partei die du wählst, entspricht überhaupt nicht meinen Grundsätzen. Ich will von dir keine Wahlwerbung mehr haben."
- „Ich kann auf die Enkelkinder am Wochenende nicht aufpassen, da ich eine gute Freundin besuchen will."
- „Ich will nicht, dass hier geraucht wird. Bitte geh' dafür vor die Türe."

Jeder äußere Konflikt hat einen inneren Konflikt als Partner. Bevor die klare Ansage erfolgt, bedarf es innerer Klarheit:

- Was will ich?
- Was will ich nicht?

Klarheit durch persönliche Sprache

Sehr viele Missverständnisse in der Eltern-Kind-Kommunikation entstehen, weil unpersönlich gesprochen wird. Das fängt im Kindesalter an. Eltern neigen dazu, von sich als „Mama" und „Papa" zu reden – also in der dritten Person: „Mama geht jetzt einkaufen" oder „Papa bringt dich jetzt ins Bett." So würden Sie nie mit Ihrem Partner sprechen, oder? „Deine Frau hat Abendbrot gemacht" oder „Dein Mann ist mit der Steuererklärung fertig." Genau, das klingt schräg und unpersönlich.

Es gibt weitere Varianten der Unpersönlichkeit in der Sprache:

- „Das macht man nicht!" (Wer ist „man"?)
- „Das gehört sich nicht!" (Wer sagt das?)
- „Das war schon immer so!" (Wieso?)

Das Problem ist, dass viele Menschen nicht gelernt haben, persönlich zu kommunizieren. Obwohl das jeder einmal konnte – nämlich als Kleinkind in der Autonomiephase. Je nachdem, wie Ihre Eltern darauf reagiert haben, haben Sie beschlossen, persönlich zu werden.

Deswegen fällt es vielen schwer, im Gespräch Ich-Botschaften zu nutzen. Damit mache ich mich potenziell angreifbar; es wird persönlich; das Verstecken hinter Worthülsen wie „man“, „Mama“ oder „Papa“ ist aufgehoben.

Es gibt einen ganz klaren Vorteil und Gewinn, wenn Sie die persönliche Sprache (Ich-Botschaften) in der Kommunikation mit Ihrem Kind wählen: Sie stellen Kontakt her! Das ist die Basis, um überhaupt ein echtes Gespräch führen zu können.

Nur wenn Sie Kontakt anbieten, kann Ihr Kind mit Ihnen in Kontakt gehen. Denn das Gefälle zwischen Eltern und Kindern bleibt lebenslänglich bestehen. Sie als Mutter und Vater tragen die Hauptverantwortung dafür, ob es einen persönlichen oder unpersönlichen Kontakt gibt – mehr dazu im nächsten Abschnitt.

1×1 DER INTEGRITÄT

Integrität ist die Fähigkeit, seine eigenen Grenzen, Werte und Ideale zu kennen und zu wahren. Es ist wichtig, dass Sie wissen für was Sie stehen, was Ihnen richtig intensiv am Herzen liegt und was mit Ihnen auf keinen Fall machbar ist.

Die eigene Integrität zu leben bedeutet, konfliktfähig zu sein. Sie werden innere und äußere Konflikte erzeugen. **Doch jedes Nein zu jemand anderem ist immer ein Ja zu sich selbst!**

Hilfreich ist das Nutzen von Ich-Botschaften in der Kommunikation:
- Ich will ...
- Ich will nicht ...

Wenn Ihnen das zu hart oder zu ungewohnt klingt, dann bietet sich als seichtere Version an:
- Ich möchte ...
- Ich möchte nicht ...

Übernahme von Verantwortung

KIND Es ist ein komisches Gefühl. Doch wenn ich meiner Mutter begegne, fühle ich mich immer wieder klein und falsch. Ich habe den Impuls, mich rechtfertigen zu müssen. Das ist mir unangenehm und es kostet mich viel Energie, das auszuhalten. Meine Lösung? Ich schränke die persönlichen Besuche sehr ein. Das tut mir gut und weh zugleich, denn es sind ja meine Eltern.

MUTTER Lange habe ich den Lebensstil meiner Tochter für falsch gehalten. Das habe ich ihr auch deutlich zu verstehen gegeben. Ich wusste nicht, was ihr als Jugendliche Freude machte, wieso sie unbedingt für ein Jahr ins Ausland wollte und warum eine Familiengründung bei ihr keine Priorität hat. Heute weiß ich, dass ich damit die Beziehung zu ihr sehr belastet habe. Das liegt in meiner Verantwortung. Es tut mir leid.

Geraten Eltern-Kind-Beziehungen aus dem Gleichgewicht, folgt die Frage nach der Schuld sofort – entweder klammheimlich in den Gedanken und Gefühlen der Betroffenen oder ganz offen im verbalen Schlagabtausch bei Familientreffen oder im Telefonat. Die Schuldfrage hat ein hohes Giftpotenzial. Sie ist Gift für die bestehende Verbindung und den zukünftigen Verlauf der Beziehung. Zumindest wenn der oder die Schuldigen innerhalb der Familie angeklagt werden.

Folgende Zeilen mögen für Sie als Elternteil, welches sich wieder mehr Kontakt zu seinem erwachsenen Kind wünscht, herausfordernd bis empörend sein. Ich bitte Sie, folgenden Satz laut zu lesen – gerne mehrfach. Hören, schauen und spüren Sie, was dieser Satz mit Ihren Gedanken und Gefühlen macht:

Eltern sind verantwortlich für die Qualität der Beziehung zu ihren Kindern – und zwar lebenslang.

Die Machtfrage

Die Eltern-Kind-Beziehung ist von Anfang an ganz besonders. Neben der elterlichen Liebe gibt es die elterliche Macht. Vor der ist keine Mutter und kein Vater gefeit – auch wenn Sie sich vielleicht machtlos fühlen. Kein Kind kann dieser elterlichen Macht entfliehen. Keine tausend oder zehntausend Kilometer Abstand zwischen sich und den Eltern mindert die subtile Macht. Selbst ein radikaler Kontaktabbruch ist Ausdruck der Machtlosigkeit der Kindern gegenüber den Eltern. Denn sie reagieren damit auf die gemeinsame Eltern-Kind-Biografie. Was genau passiert ist und wieso Kinder diesen letzten – auch für sie – schmerzhaften Schritt gewählt haben, bedarf fast immer einer therapeutischen Begleitung, um es zu verstehen und um damit leben zu können.

Elterliche Macht manifestiert sich im Erwachsenenalter zum Beispiel durch Glaubenssätze, die tief im Kind verankert sind. „Fall bloß nicht auf“ oder: „Habe immer einen sicheren Beruf“, sind Klassiker. Sie zeigen, wie Kinder mit der Muttermilch die Einstellungen der Eltern übernommen haben und sich später daran abarbeiten, diese zu relativieren bzw. sich davon in ihrem Leben nicht zu sehr lenken zu lassen.

Der Ursprung der elterlichen Macht liegt in der Abhängigkeit der Kinder zu den Eltern. Kinder können Mütter und Väter nicht auswechseln, zurückgeben oder reparieren. Kinder müssen mit ihnen leben. Und dies tun sie, denn Kinder lieben ihre Eltern.

! DIE KINDLICHE PERSPEKTIVE

Das Baby war Ihnen bedingungslos ausgeliefert. Es hat seine körperlichen Grundbedürfnisse nach Essen, Trinken und Schlafen sowie seine seelischen Grundbedürfnisse nach Bindung und Beziehung zu den Eltern. Es liebte Sie als Mutter und Vater bedingungslos. So wie Sie waren – egal ob arm oder reich, dick oder dünn, alt oder jung. Das müssen Sie sich noch einmal richtig auf der Zunge zergehen lassen: **Ihr Kind liebte Sie bedingungslos!**

Viele Eltern sind mit dieser Bedingungslosigkeit überfordert. Zumal sie selbst oft am eigenen Leib erfahren haben, dass Liebe sehr schnell bedingt ist. Man wird nur geliebt, wenn das Verhalten stimmt oder man sich an die Vorstellungen des Partners anpasst. Babys und Kleinkindern ist es egal, wie die Eltern sich verhalten und welche Vorstellungen diese haben.

Kinder sind abhängig von den Eltern. Damit beginnt der Weg der schmerzlichen Enttäuschungen – denken Sie nur einmal an Ihre eigene kindliche Biografie. Mit viel Glück haben Kinder Eltern, denen es gelingt, ausgeglichen, verantwortungsvoll und zugewandt die kindlichen Grundbedürfnissen nach Nähe, Bindung, Beziehung, Anerkennung und Autonomie zu bedienen.

Häufig sind Eltern jedoch gefangen in der eigenen Gefühlswelt, dem modernen Alltag mit all seinen Anforderungen. Dann reagieren sie gestresst, übersehen kindliche Bedürfnisse oder fühlen sich selbst total ausgelaugt und kraftlos. Das Kind passt sich an. Es kooperiert mit den Stimmungen und Gegebenheiten innerhalb der Familie. Weil es unbedingt dazu gehören möchte. Weil Mama und Papa das Beste sind, was die Welt zu bieten hat. Weil das Kind seine Eltern liebt.

Die Annahme der Macht

Wenn Sie sich Ihrer Macht als Mutter oder Vater auch im erwachsenen Alter Ihres Kindes bewusst sind und diese annehmen, können Sie die Weichen für ein neues Eltern-Kind-Verhältnis stellen.

Es dreht sich nicht darum, die möglichen Fehler der Vergangenheit auszulöschen. **Es geht darum, dass Sie die Verantwortung dafür übernehmen.** Nicht im Sinne von: „Wie kann ich das wieder gut machen“, sondern im Sinne von: „So war das. Das habe ich gemacht. So habe ich mich verhalten.“

Womöglich will Ihr Kind dann mehr wissen, wieso Sie zum Beispiel damals immer wieder Versprechen gebrochen haben. Heute hat es nämlich echte Probleme, anderen Menschen zu vertrauen. Komischerweise gerade Beziehungspartnern, also wenn Liebe im Spiel ist. Da kann es sehr dienlich sein zu wissen, wo dieses tiefe Misstrauen herkommt. Zusätzlich kann es heilsam für die Eltern-Kind-Beziehung sein, wenn Ihr Kind versteht, dass es keine böse Absicht war, sondern Sie zu jung waren. Hin- und hergerissen zwischen leben wollen und Mutter oder Vater sein müssen.

Wie entlastend für Kinder die Annahme und Verantwortung der Macht durch die Eltern sein kann, zeigt die folgende Situation. Stellen Sie sich dazu zwei Szenen vor:

Szene 1: Sie treten an das Sterbebett Ihrer Mutter. Ihre Mutter nimmt Ihre Hand, schaut Ihnen in die Augen und sagt zu Ihnen: „Ich bin stolz auf dich mein Kind, wie du durch dein Leben gehst. Ich liebe dich."

Szene 2: Sie treten an das Sterbebett Ihrer Mutter. Ihre Mutter nimmt Ihre Hand, schaut Ihnen in die Augen und sagt zu Ihnen: „Solange du so lebst, wie du lebst, werde ich dir nie verzeihen. Wieso musstest du mich so enttäuschen?"

Welche Szene in einen harmonischen Familienfilm und welche in ein Psychodrama passt, ist offensichtlich. Die Macht der Eltern wirkt über den Tod hinaus. Das ist auf der einen Seite tröstlich, da sie ein wahnsinniger Antrieb für die kindliche Selbstentfaltung sein kann. Auf der anderen Seite ist es beängstigend, denn sie kann genauso gut die kindliche Selbstentfaltung blockieren.

Die Verantwortung für die Macht

Es liegt daher an Ihnen, wie Sie mit der Macht umgegangen sind, umgehen und zukünftig umgehen wollen. In allen drei Fällen können Sie die Verantwortung übernehmen:

- **Vergangenheit:** „Ja, das war damals so. Ich habe mich so verhalten. Ich sehe, dass es dich hindert und heute noch beschäftigt. Das tut mir leid."
- **Gegenwart:** „Ich möchte die Beziehung zu dir verändern. Was kann ich jetzt tun, damit es für dich leichter wird?"
- **Zukunft:** „Ich werde mein Verhalten überprüfen und mir falls nötig Hilfe holen, damit ich meine Verhaltensmuster in den Griff bekomme. Du bist mir wichtig."

In dem Sie Ihre Verantwortung übernehmen geben Sie ihr Kind frei für seine Verantwortung an der Beziehung zu Ihnen. Konkret: Wenn Sie Ihrem Kind in den Ohren lagen mit Sätzen wie „Mensch, nie meldest du dich. Ruf doch mal an. Ich bin schon traurig", dann hat Ihr Kind wahrscheinlich gar keine Lust, von sich aus zum Telefon zu greifen. Es ist ja eine reine Pflichterfüllung.

Wenn Sie stattdessen sagen: „Mensch, ich würde mich freuen, wenn du dich meldest", dann lassen Sie Ihrem Kind die freie Wahl. Es kann jetzt Verantwortung übernehmen im Sinne von: „Das mache ich dir zu Liebe gerne" oder: „Aktuell habe ich ganz andere Dinge im Kopf. Ich melde mich nicht oft – wohlwissend, dass du das schade findest."

1×1 DER VERANTWORTUNG

Eltern bestimmen anfänglich gänzlich und später immer noch sehr stark die Qualität der Beziehung zu den Kindern. Verbunden ist dies mit elterlicher Macht und der Abhängigkeit des Kindes. Das wirkt bis ins erwachsene Alter hinein. Verantwortung zu übernehmen, bedeutet:

- Ich stehe zu dem was war, ist und sein wird.
- Ich bin mir bewusst, dass mein Kind früher einen Preis gezahlt hat dafür, dass es sich an mich anpassen musste.
- Ich kann das Geschehene nicht wieder gut machen; doch ich kann es anerkennen, annehmen und dazu stehen.

Authentische Kommunikation

KIND Ich habe keine Lust, auf das Familienfest zu fahren, zumal ich da eigentlich Urlaub mit meiner Freundin geplant habe. Wie sage ich das?
MUTTER Warum meldet sich mein Sohn nicht? Die Einladung für das große Tanten-Onkel-Fest ist seit drei Wochen verschickt. Wie frage ich nach, ohne zu nerven?

Einfach authentisch sein. Dieses angebliche Allheilmittel können Sie in vielen Ratgebern lesen – doch Vorsicht! Gnadenlose Authentizität kann Beziehungen sehr stören und ins Wanken bringen. Die authentische Kommunikation sollte sich immer an die Rolle – Eltern oder Kind – und an den Kontext – privater oder öffentlicher Raum – anpassen. Das bedeutet nicht, dass Sie sich verbiegen sollen. Sondern es meint, dass Sie die Kraft und Wucht einer authentischen Aussage berücksichtigen und entsprechend steuern.

Ich meine, was ich sage

Authentisch zu sein, wird gerne übersetzt mit man selbst zu sein. Konkreter: Gefühle und Aussage passen zusammen. Die Wahrheit sagen. Bedenkend, dass es sich um eine subjektive Wahrheit handelt.

Wichtiger Hinweis: Die Worte aus Ihrem Mund paaren sich mit Emotionen, die Ausdruck finden in Ihrer Mimik, im Stimmklang und in Ihrer Körpersprache.

Dreimal dürfen Sie raten, welche Info maßgeblichen Einfluss auf eine gelingende Kommunikation zwischen Eltern und Kindern hat. Richtig, es ist die Musik hinter den Worten. Ihr Gegenüber spürt sofort, dass Ihre sachliche Aussage nicht der ganzen Wahrheit entspricht, wenn es einen emotionalen Missklang gibt. Je nach Intention Ihres Gesprächspartners wird er darauf eingehen oder es bewusst überhören bzw. übersehen. Im letzteren Fall ist ein unbefriedigender Gesprächsverlauf absehbar.

DER ABSCHIED

Friederike hat ihre Eltern im Heimatort besucht. Nach dem verlängerten Wochenende steht jetzt der Abschied an. Ihr Vater bringt sie zum kleinen Bahnhof des Ortes.

„Schön, dass du da warst. Ich fahre jetzt mal wieder los. Dein Zug kommt ja gleich", sagt ihr Vater. Friederike ist irritiert, denn es war wirklich ein schöner Besuch. Viele gemeinsame Ausflüge, nette Gespräche und gutes Essen. Jetzt diese knappe Verabschiedung. Komisch denkt sie und fragt nach: „Papa, ist wirklich alles gut?" – „Ja, was soll sein", antwortet er, dreht sich um und geht weg. Verwundert schaut Friederike ihrem Vater nach. Kurz bildet sich ein Kloß in ihrem Hals, dann nimmt Sie ihr Smartphone aus der Handtasche und lenkt sich ab.

Was sie nicht sieht ist, dass ihr Vater auf dem Weg zum Auto mit Tränen zu kämpfen hat. Denn es war wirklich eine schöne Zeit. Doch seine Trauer über den Abschied würde er seiner Tochter niemals zeigen wollen.

In dem Beispiel verpassen Tochter und Vater einen wertvollen Moment, der ihre Beziehung vertiefen könnte. Beide sind traurig und beide zeigen dies nicht. Wie schade, denn es wäre eine herzliche Gemeinsamkeit, sich am Ende einer schönen Zeit zu umarmen und sich die Trauer einzugestehen.

Hätte der Vater die Kraft zu einer authentischen Kommunikation, könnte er auf die Frage seiner Tochter, ob alles gut sei, antworten mit: „Ich bin traurig, dass du fährst. Das macht mir zu schaffen, deshalb gehe ich jetzt."

Hier würde er sich gleich zweimal offenbaren: erstens seine Trauer und zweitens sein Umgang mit Trauer, dem schnellen Abgang aus der Situation. Friederike hätte die Chance, ihren Vater in seiner Gesamtheit zu sehen und darauf zu reagieren. Sie hätte ihn kurz drücken können, ihm noch einmal sagen können, wie schön es auch für sie war.

Elternrolle wahren

Authentisch als Mutter oder Vater zu sein, bedeutet ergänzend, sich der Rolle als Elternteil bewusst zu sein und diese anzunehmen. Ein Klassiker der Nicht-Annahme ist die – häufig mütterliche – Ankündigung: „Ich bin deine beste Freundin." Dies ist mehrfach problematisch (dazu mehr im folgenden Kapitel *Kontaktminderung verstehen lernen* auf Seite 41).

Bezogen auf die Authentizität als Mutter passt es nicht, denn die Mutter ist und bleibt die Mutter. Punkt. **Es ist ein Geschenk für Ihr Kind, wenn Sie die Eltern-Rolle auch im Erwachsenenalter bewusst weiterleben.** Denn Ihr Kind hat nur eine leibliche Mutter oder einen leiblichen Vater. Wer soll sonst Mutter oder Vater sein, wenn Sie als Mutter oder Vater beschließen, beste Freundin oder Freund sein zu wollen? Dies bedeutet nicht, dass Sie nicht locker, herzlich, witzig und kumpelhaft mit Ihrem Kind reden können. Doch Sie bleiben trotzdem ein Elternteil Ihres Kindes. Verleugnen Sie diesen Part bitte nicht. Er gehört zu Ihrem Authentisch-Sein dazu.

Grenzen der Authentizität

Die Rolle als Eltern ist ein Bestandteil, der authentische Kommunikation bestimmt. Es setzt zugleich eine inhaltliche Grenze. Kinder – auch erwachsene Kinder – haben zum Beispiel kein Interesse daran, Details aus dem Sexualleben der Eltern zu erfahren. Vielleicht würden Sie mit Ihrem Kind beispielsweise gerne über Ihre Probleme beim Sex sprechen, die Sie mit dem Partner, der Partnerin haben. Weil es Sie beschäftigt und weil Sie authentisch sein wollen. Daher erzählen Sie offen und ehrlich. **Stopp!**

Solche Themen besprechen Sie mit einer Freundin, einem Freund oder suchen sich dafür externe Beratung. Ihr Kind sollte hier nicht der Adressat sein. Sie brauchen sich aber nicht verstellen. Statt die Details des Problems und Ihrem Frust darüber freien Lauf zu lassen, können Sie Ihrem Kind sagen: „Ich bin gereizt, das stimmt. Denn ich habe ein Problem mit Papa. Da bin ich im Gespräch mit ihm, wie wir das lösen. Über die Details möchte ich nicht mit dir sprechen."

Eine weitere Grenze ist der soziale Rahmen, in dem Sie sich bewegen. Pure elterliche Authentizität kann richtig peinlich werden für Ihr Kind. Wenn Sie auf der Hochzeit Ihres Kindes Ihre Abneigung für die zukünftige Schwiegertochter oder den zukünftigen Schwiegersohn offen zur Schau stellen, machen Sie sich keine Freunde. Das hat dann auch nichts mehr mit Authentizität zu tun, sondern kippt in Richtung Egoismus.

„Das darf ich doch wohl sagen, wenn ich es so empfinde", stimmt nicht immer. Sie dürfen alles sagen, doch einiges gehört lieber ins Vier-Augen-Gespräch und nicht in die Öffentlichkeit. Wenn doch, dann sollten Sie dafür bereit sein, dass sich Ihr Kind gesund authentisch und öffentlich abgrenzt. Ein Resultat, dass sich die wenigsten Eltern wünschen.

1×1 DER AUTHENTISCHEN KOMMUNIKATION

Ich bin, der ich bin. Das ist die Grundhaltung für Authentizität. Gepaart wird dies mit meiner sozialen Rolle (Mutter- oder Vater-Sein) und dem Rahmen, in dem ich mich bewege.

Authentische Kommunikation achtet darauf, dass die verbale und nonverbale Sprache übereinstimmen. Somit entsteht beim Gegenüber ein stimmiges Gesamtbild über die Aussage und die begleitenden Emotionen.

Für eine authentische Eltern-Kind-Kommunikation sind Antworten auf folgende Fragen hilfreich:

- Wie geht es mir? Was denke und was fühle ich?
- In welchem Rahmen bewege ich mich – privat oder öffentlich?
- Was will ich sagen und was nicht?

Auf das Zusammenspiel kommt es an

Gleichwürdigkeit, Integrität, Verantwortung und Authentizität sind die vier Werte, die der dänische Familientherapeut Jesper Juul für ein gelungenes Familien- und Paarleben empfiehlt. **Der Erfolgsfaktor liegt jedoch nicht in den einzelnen Punkten, sondern in dem Zusammenspiel der Werte.**

Das passiert fast automatisch, denn jeder Wert an sich trägt die anderen drei Werte in sich. Sie können Gleichwürdigkeit nur leben, wenn Sie Ihre Gefühle authentisch zeigen und sie die Gefühle Ihres Gegenübers sehen. Damit Sie sich nicht aufgeben und authentisch werden, brauchen Sie die Kompetenz, sich abgrenzen zu können. Da ist Ihre Integrität gefragt. Um integer sein zu können, sollten Sie Verantwortung für sich, Ihre Werte und Gefühle übernehmen können. Sie merken, es steckt alles in allem drin und wirkt.

KLEINE ÜBUNG

Beobachten Sie eine zukünftige Begegnung oder Kommunikation mit Ihrem erwachsenen Kind. Schreiben Sie in der Reflexion danach kurz auf:

- Durfte mein Kind so sein, wie es war? (**Gleichwürdigkeit**)
- Habe ich mich abgegrenzt, wo es nötig war? (**Integrität**)
- Habe ich **Verantwortung** für mein Verhalten und meine Gefühle übernommen?
- Meinte und fühlte ich, was ich sagte? (**Authentizität**)

KONTAKTMINDERUNG VERSTEHEN LERNEN

Wir Menschen sind soziale Wesen. Wir haben elementare seelische Bedürfnisse nach Bindung, Autonomie und Wertschätzung. Sie haben es als Mutter oder Vater in der Hand, wie gut die Beziehung zu Ihrem Kind war, ist und wieder werden könnte.

Die Frage nach dem Warum treibt viele Eltern um, die sich mehr oder anderen Kontakt zu ihrem Kind wünschen. Viele Erwartungen, Fragezeichen, Selbstzweifel, Schuldzuweisungen oder Vorwürfe stehen im Raum. Um eine Kontaktminderung verstehen zu können, müssen Sie diese zuerst einmal anerkennen. Schon das ist ein schmerzhafter Akt: Ja sagen zu dem was ist und war, obwohl Sie es sich ganz anders wünschen.

Nur was wir annehmen, können wir abgeben. Das ist ein Grundgesetz für die persönliche Entwicklung. Alles was wir negieren, verdrängen, nicht sehen oder wahrhaben wollen, wird nicht von alleine verschwinden oder sich ändern. Es wird im Schattendasein größer und irgendwann mit neuer Energie ans Licht kommen.

Das Forschen nach den Gründen für eine Kontaktminderung oder gar -abbruch ist eine Spurensuche in die Eltern-Kind-Vergangenheit. Ausgerüstet mit dem 1×1 der gelungenen Eltern-Kind-Beziehung (siehe vorheriges Kapitel) haben Sie ein gutes Handwerkszeug, sich dem zu stellen, was Sie finden werden.

Die ehrliche Suche nach Ursachen

KIND Ich liebe meine Eltern. Doch der Kontakt zu ihnen ist mir zu anstrengend. Er tut mir nicht gut, denn anscheinend haben sie noch nicht begriffen, dass ich jetzt erwachsen bin.
ELTERN Wieso meldet sich unser Kind nur so selten? Was haben wir falsch gemacht? Unsere Freunde haben guten Kontakt zu ihren Kindern. Wir verstehen nicht, was bei uns los ist.

Erfahrungen aus der Kindheit bestimmen neben aktuellen Themen maßgeblich die Qualität der Eltern-Kind-Beziehung. Ihr Kind hat eine Reise hinter sich. Von der abhängigen Angepasstheit als Baby zu immer mehr Autonomie und Selbstbestimmung im Kindesalter bis hin zur Eigenständigkeit als Jugendlicher und Erwachsener.

Ein Blick zurück erklärt viel

Um die Qualität einer Eltern-Kind-Beziehung zu verstehen, lohnt sich der Blick zurück in die Kindheit. Vielleicht kann Sie dazu das Zitat des dänischen Philosophen Søren Kierkegaard (1813–1855) ermutigen:
Das Leben kann nur in der Schau nach rückwärts verstanden,
aber nur in der Schau nach vorwärts gelebt werden.

Ihr Kind hat sich angepasst, an die Beziehungskultur in der Familie. Schon ein Baby entwickelt ein genaues Gespür dafür, wie Eltern auf die Grundbedürfnisse wie Bindung und Sicherheit eingehen. Darauf stellt es sein Verhalten im Rahmen seiner kindlichen Möglichkeiten ein.

Im Kleinkindalter kommt das natürliche Bedürfnis der Autonomie dazu. Ihr Kind sagte „Ich will“ und „Nein, lass mich“. Es durfte erleben, ob Sie bereit waren, dieses Bedürfnis nach Selbstwirksamkeit anzuerkennen oder ob Sie es eher unterdrückten. Wenn Ihr Kind als Signal bekam: „Ich liebe dich, so wie du bist“, wurde zusätzlich das dritte Bedürfnis nach Wertschätzung gut bedient.

Dauerbrenner: Anpassung oder Autonomie?

Der Konflikt von Anpassung und Autonomie begleitet uns in allen Lebensjahren. Begonnen hat er mit unserer Geburt. Enden wird er mit dem Tod. Sicherlich spüren Sie noch heute unterschiedliche Gefühle, wenn Sie an Ihre eigene Kindheit zurückdenken. So geht es auch Ihren Kindern. Die Gefühle und Erlebnisse sind vielschichtig. Eine Konsequenz daraus kann sein, dass Ihr Kind den Kontakt zu Ihnen als Eltern mindert, um die eigene Autonomie freier und stärker leben zu können.

„ICH WERDE IMMER WIEDER ZUM KLEINKIND. DAS WILL ICH NICHT MEHR!"

Klara (25) fährt nur noch ein- bis zweimal im Jahr zu ihren Eltern. Sie ruft auch nur noch sporadisch an. Der Telefon-Rhythmus hat sich schleichend verändert. In den ersten Monaten nach ihrem Auszug mit 18 Jahren meldete sich sie täglich bei ihrer Mutter. Später wöchentlich fix einmal am Sonntag – pünktlich und zuverlässig um 11 Uhr morgens.

Jetzt meldet sie sich von sich aus circa alle zwei Monate. Ihr Freund versteht das nicht; er hat ein inniges Verhältnis zu seinen Eltern und fährt wöchentlich einmal vorbei. „Wieso fällt es dir so schwer, dich bei deiner Mutter zu melden? Die würde sich freuen, glaub mir", versucht er Klara zu ermuntern.

Klara hingegen spürt innerlich großen Widerstand – schon allein beim Gedanken, die Nummer der Eltern zu wählen. Sie offenbart sich einer guten Freundin: „Es ist ja nicht so, dass ich meine Eltern nicht liebe oder wissen möchte, wie es ihnen geht", beginnt Klara das Gespräch. „Doch meine Mutter behandelt mich immer noch wie ein Kleinkind. Ganz subtil, die merkt das gar nicht. Ich will das nicht. Wenn ich da nicht mitspiele und Ja und Amen zu all ihren Ratschlägen sage, ist sie beleidigt. Das kostet mich so viel Kraft, meine Stimmung nach einem Telefonat wiederaufzubauen. Da rufe ich lieber gar nicht an."

Ihre Freundin nickt, umarmt sie und sagt: „Weißt du was? Ich kenne einige, denen es genauso geht wie dir. Da bist du echt nicht alleine. Mamas und Papas, die nicht einsehen wollen, dass die Kids jetzt auf eigenen Beinen stehen und ihr eigenes Leben haben, gibt es wie Sand am Meer."

Das Beispiel von Klara schildert den inneren Kampf zwischen Anpassung und Autonomie. Klara ist seit sieben Jahren volljährig, steht auf eigenen Beinen, hat einen Freund und gute Freundinnen. Sie ist selbstständig und autonom. Trotzdem triggert ein Telefonat – ja schon der Gedanke daran – bei ihr ein Anpassungsgen. Das Gen flüstert ihr zu: „Nimm die Ratschläge deiner Mutter an. Damit bist du als Kind doch auch gut gefahren. Immer schön Ja und Amen sagen, dann ist Mama zufrieden." **Doch hey, mit 25 Jahren will man das nicht mehr – zu Recht!**

Klaras Mutter hat es gleichzeitig nicht einfach. Sie spürt am Kommunikationsverhalten ihrer Tochter, dass etwas nicht stimmt. Wenn sie telefonieren, möchte sie alle ihre Liebe und Zuneigung an Klara weitergeben. Leider benutzt sie hierfür das Mittel des Ratschlags zu allen Lebenssituationen.

Wenn Sie die Mutter fragen würde: „Wieso machst du das?", würde sie höchstwahrscheinlich mit einer Variante von: „Ich meine es doch nur gut" antworten. „Ich will ihr schmerzhafte Erfahrungen ersparen." Die Folgefrage an die Mutter wäre: „Wie kommst du darauf, dass Klara kein Recht auf eigene, schmerzhafte Erfahrungen hat?" Sie merken beim Lesen, dass die Spirale von Ursache und Wirkung immer tiefer geht. Die Mutter würde eventuell von ihrer Kindheit und Mutter – Klaras Großmutter – berichten.

Erzählen Sie Ihre Geschichte! Wenn Ihr Kind erfährt, wie Sie als Mutter oder Vater ticken, welche Beweggründe und Zwänge (Alltag, Beruf, Gesellschaft, Großfamilie) es in der familiären Vergangenheit gab, kann Verständnis entstehen. Eine neue Basis für eine Annäherung.

Werden Sie zu Sherlock Holmes

Den Meisterdetektiv aus London zeichnete aus, dass er immer auf der Suche nach Indizien war, die er dann kombinierte. Er schaute ganz genau hin. Ihm entging nichts – wenn doch, dann war sein Kompagnon Dr. Watson zur Stelle. Das könnte Ihr Mann oder Ihre Frau sein.

Erste Grundannahme: **Alles was Ihr Kind macht, ergibt Sinn.** Sie erkennen ihn nur nicht – übrigens Ihr Kind auf Nachfragen eventuell auch nicht. Viele Motivationen für unsere Handlungen liegen in den Tiefen des Unterbewusstseins, dem Speicher unserer Lebenserfahrungen, verborgen.

Zweite Grundannahme: **Das Wie innerhalb einer Beziehung zählt.** Verhalten, Mimik, Stimmenklang verraten deutlich mehr über den Status einer Beziehung als die gesagten Worte. Achten Sie auf die Stimmungslage und Körpersprache bei sich und Ihrem Kind. Das fällt nicht leicht, wenn man selbst involviert ist. Fragen Sie Ihren Partner oder andere Anwesende im Nachklapp, was diese wahrgenommen haben.

Die zwei Annahmen helfen Ihnen, Ihren Blick auf die möglichen Ursachen für die Kontaktminderung zu schärfen. Beißen Sie sich nicht an liebgewonnenen Sichtweisen oder Interpretationen fest. Versuchen Sie, einen offenen Blick zu wahren auf jenes, was war und ist.

IHR DETEKTIVKOFFER

Ihr Suchhandwerkszeug hat eine mentale und ganz praktische Dimension:

- **Mental:**
  - Versuchen Sie, eine offene und vorurteilsfreie Haltung einzunehmen bei der Rückschau auf ihr gemeinsames Familienleben.
  - Suchen Sie Indizien, keine Beweise. Überprüfen Sie diese im Gespräch mit Ihrem Kind.
  - Das Verhalten Ihres Kindes ergibt Sinn. Es ist eine Reaktion auf Sie und das Familienleben. Wenn Sie hier was ändern, kann Ihr Kind neu reagieren.

- **Praktisch:**
  - Nutzen Sie Bücher wie *Mama, erzähl mal!* oder *Papa, erzähl mal!* (siehe Buchtipps auf Seite 196), um Ihrem Kind Ihre Geschichte nahezubringen.
  - Fragen Sie aktiv bei Ihrem Kind nach: „Was brauchst du, damit du wieder Lust und Freude hast, dich öfter zu melden."
  - Holen Sie sich ein Feedback von Ihrem Partner, weiteren Kindern, von der Großfamilie oder Freunden ein, zu der Frage: „Wie habt ihr mich als Mutter oder Vater wahrgenommen?"
  - Notieren Sie für sich als Hinweis in ein Tagebuch oder auf einen Zettel: „Was sind meine unmittelbaren Gefühle zum Feedback? Welche spontanen Gedanken schossen mir durch den Kopf?"

Die mentalen Tipps sind die Lupe, mit der Sie Ihre Familienbiografie vergrößern. Die praktischen Tipps helfen Ihnen, die Lupe auf den richtigen Fokus zu halten.

Frühzeitig Signale erkennen

KIND Ich weiß auch nicht so recht. Meine Motivation, mich zu melden, ist irgendwie eingeschlafen. Ich habe soviel um die Ohren mit meiner eigenen Familie und meinem Beruf, dass ich mich nicht noch zusätzlich um meine Eltern kümmern mag. Klingt hart, ist aber so.
MUTTER Unser Sohn meldet sich kaum noch. Das ist schade. Ich weiß noch genau, wann das anfing. Es war nach der Geburt unseres ersten Enkelkindes. Ich glaube, er stand damals total unter Strom mit seiner Frau, dem Baby und seiner Arbeit.

Der Sturm vor der Stille betitelte die Journalistin Tina Soliman ihre Recherchen und Aufzeichnungen (siehe Buchtipp auf Seite 196), in denen Sie darlegt, warum Menschen den Kontakt zueinander abbrechen. Sie hat dazu mit einer Vielzahl betroffener Eltern und Kindern gesprochen. Fazit: Es ist hochindividuell und nicht vorhersehbar.

Betroffene berichten, dass der radikale Kontaktabbruch wie aus dem heiteren Himmel kam – unerwartet und unvorbereitet.

Tina Solimans Fazit lautet: Es gibt immer einen Grund für die Funkstille. **Häufig pflastern viele ungehörte und übersehene Signale den Weg zum Kontaktabbruch.** Zuweilen liegen psychische Erkrankungen oder schwerwiegende und verdrängte Eltern-Kind-Erfahrungen vor.

Man kann nicht nicht kommunizieren

Um den Zweier-Kontakt zu mindern oder abzubrechen, bedarf es nur einer Person. Sobald einer nicht mehr mitmacht wie gewohnt, beginnt die Veränderung. Für einen gelungenen und erfüllenden Zweier-Kontakt braucht es jedoch immer zwei Personen.

Diese stehen sich im Sender-Empfänger-Verhältnis gegenüber; sie versuchen zu hören und zu sehen, was der Gesprächspartner gerade denkt, fühlt und meint. Darauf basierend erfolgt die Reaktion und es beginnt das Ping-Pong-Spiel der Kommunikation.

Im Falle einer Kontaktminderung findet vordergründig weniger Kommunikation statt. Doch genau dieses Weniger an Gesprächen und Besuchen ist genauso ein Ausdruck, den es zu berücksichtigen gilt. Es wird damit unterschwellig etwas gesagt, nämlich: „Ich möchte mit dir oder euch nicht kommunizieren." Hier liegt ein Signal vor – bitte nicht übersehen!

Jede Kommunikation besteht des weiteren aus einer Sach- und einer Beziehungsebene. Wobei es immer auf die grundlegende Beziehung ankommt, die Sie zu Ihrem Kind haben. Wenn Sie merken, dass die Gespräche, Telefonate oder Besuche abnehmen, kann es am Thema wie zum Beispiel der aktuellen politischen Lage liegen. Hier gilt es einfach nachzufragen. Das wäre eine rein inhaltliche Ebene.

Wenn es jedoch keine offensichtliche Ursache gibt, dann richten Sie Ihren Fokus auf die Beziehung zu Ihrem Kind. **Die zentrale Leitfrage lautet hier nicht: „Was besprechen wir?“, sondern: „Wie gehen wir miteinander um?“** Die Beobachtungen zum Beispiel des Tonfalls (ist dieser gereizt oder genervt?), oder der Körperhaltung (wird während des Gesprächs auf das Smartphone geschaut?) sind weitere Signale – bitte nicht übersehen!

Schulen Sie Ihre Antennen

Um die Signale und Warnhinweise frühzeitig zu erkennen und deuten zu können, brauchen Sie ein hohes Maß an Selbstreflexion. **Hören Sie wirklich aufmerksam zu? Welche Interpretationen legen Sie sofort in das Gehörte hinein?** Mit Ihrer Interpretation verfälschen Sie das Gesagte und machen es passend für Ihre Welt.

Gutes, zugewandtes und offenes Zuhören ist eine hohe Kunst. In der Hektik des Alltags gelingt es kaum jemandem – selbst den Kommunikationsprofis. Deshalb ist die Selbstreflexion nach einem Gespräch oder einer Begegnung so wichtig. Hilfreiche Fragen sind:

- Was habe ich gehört?
- Welche spontanen Gedanken hatte ich?
- Welche unmittelbaren Gefühle hatte ich?
- Wo und wie hat sich meine Stimmung verändert?
- Fühlte mein Kind sich verstanden? Woran habe ich das gemerkt?

Sie merken, die Antworten darauf können ein ganz neues Bild auf den Gesprächsverlauf geben. **Wenn Sie erst einmal den Filter Ihrer Erwartungen, Meinungen bis hin zu Vorurteilen wegnehmen, haben Sie die Chance, die Essenz des Gesagten und Erlebten neu wahrzunehmen.** Die Signale, wie es um Ihre Eltern-Kind-Beziehung steht, sind jetzt unübersehbar. Sie brauchen nur hinzuschauen. Das braucht Mut – doch es lohnt sich! Seien Sie sich bewusst, dass Sie Themen und Signale, die Sie nicht hören wollen, überhören oder abwürgen werden.

WEIHNACHTEN IN DEN BERGEN

Sabine erzählt ihrer Mutter im Oktober, dass der Freundeskreis für Weihnachten eine Berghütte gebucht habe. Die Mutter reagierten sofort mit: „Aber da fahren die ja gar nicht zu ihren Eltern. Das ist doch schade."

Sabine spürt, wie sich ihre Kehle zuschnürt. Sie hatte nicht die Chance zu erzählen, dass sie mitfahren werde und deshalb dieses Jahr nicht ins Elternhaus kommt.

Die Gesprächskultur zwischen Sabine und ihrer Mutter lässt Klartext nicht zu. Sabine kann nicht sagen: „Hör mir mal zu. Ich werde auch über Weihnachten in den Bergen sein." Deshalb schweigt sie. Die Mutter glaubt, das Thema ist durch. Dementsprechend schockiert ist sie, als Sabine ihr per E-Mail Anfang Dezember kurz mitteilt, dass sie über Heiligabend nicht kommen werde. Hätte die Mutter Sabine im Oktober ausreden bzw. hätte Sabine den Mut gehabt, sich nicht unterbrechen zu lassen, dann wäre der Mutter die Enttäuschung und Sabine der Frust erspart geblieben.

Das Überhören oder Abwürgen ist ein Selbstschutz-Programm. Je mehr blinde Flecken oder unangenehme Punkte Sie bei sich kennen, umso eher werden Sie die Signale wahrnehmen, die auf diese Flecken oder Punkte zielen. Hier liegt Ihr Potenzial von schmerzhafter Selbsterkenntnis und gemeinsamer Eltern-Kind-Entwicklung, um Reaktionen wie einen Kontaktabbruch nicht notwendig werden zu lassen.

Seien Sie aufmerksam in Zeiten des Umbruchs

In jeder Eltern-Kind-Beziehung gibt es Umbruchszeiten, in denen Sie vermehrt auf Signale achten sollten – also einfach entsprechend aufmerksam sind. Zu den Ereignissen, die für Ihr Kind wichtige Meilensteine sind und die kindliche Aufmerksamkeit weg von Ihnen als Mutter und Vater lenken, gehören:

- Pubertät
- Auszug aus dem Elternhaus
- Beginn einer festen Partnerschaft
- Gründung einer eigenen Familie
- Trennung und Scheidung

AKTIVE UND OFFENE ZUGEWANDHEIT

Signale für den Zustand einer Beziehung sind wie ein scheues Reh. Sie tauchen kurz auf und verschwinden wieder. Einmal übersehen, kann es dauern, bis Sie die nächste Chance für eine Sichtung bekommen.

Wenn Sie die Signale erwischen wollen, sollten Sie sich und Ihr Kind bei Begegnungen und in Gesprächen ruhig, vorsichtig und konzentriert beobachten. Das ist eine Übungssache und braucht Zeit.

Ein hilfreiches Werkzeug dabei ist das aktive und offene Zuhören:

- Hören Sie zu, ohne ins Wort zu fallen oder sonst wie zu unterbrechen.
- Formulieren Sie das Gesagte noch einmal in Ihren Worten und fragen Sie nach, ob Sie alles richtig verstanden haben.
- Nutzen Sie Pausen und Schweigen als Chance für Ihr Kind, seine Gedanken zu bilden und zu sortieren. Wenn Sie jetzt zu schnell antworten oder reagieren, verpassen Sie eventuell das Wesentliche.
- Hinterfragen Sie, wenn Sie etwas nicht verstehen oder eine Vermutung haben.

Klarer Blick auf familiäre Konflikte

KIND Sobald Politik das Thema wird, fliegen bei uns die Fetzen. Meine Eltern haben da ganz andere Ansichten als ich. Das strengt an, denn ich halte sie für unflexibel und sie mich für verwirrt.
ELTERN Über Politik können wir nicht reden. Unser Kind ist da auf Abwegen. Wir versuchen es zur Vernunft zu bringen. Ohne Erfolg.

Konflikte gehören in jeder Familie dazu. Es gibt kein konfliktfreies Zusammenleben. Es gibt jedoch leider viele Familien, die Konflikte leugnen und verdrängen. Umso stärker ist die Verwunderung, der Schrecken und das Erwachen, wenn es zum Knall kommt.

Welche Konfliktkultur haben Sie?

Die familiäre Konfliktkultur haben Sie mit Ihrem Kind seit der Geburt gelebt und geübt. In der erwachsenen Eltern-Kind-Beziehung ernten Sie die Art von Streitumgang, den Sie in den ersten Jahrzehnten im Leben Ihres Kindes gesät haben.

Hat Ihr Kind bei und mit Ihnen gelernt, dass es besser ist, einem Konflikt auszuweichen, dann färbt diese Konflikt-DNA auf sein erwachsenes Verhalten ab. Es kommt zum Kontaktentzug – die erwachsene Form der Konfliktvermeidung. Es könnte anderseits gelernt haben, dass innerhalb der Familie unterschiedliche Meinungen bestehen dürfen, ohne dass die Person an sich angezweifelt wird. Dann ist ein Kontaktentzug als Reaktion auf einen Konflikt nicht notwendig.

Familiäre Konflikte sind untrennbar mit der jeweiligen persönlichen Integrität der beteiligten Familienmitglieder verbunden. Bedeutet:

- Schaffe ich es, meine persönlichen Grenzen zu äußern?
- Nehme ich die Grenzen meines Gegenübers wahr und ernst?

Bei der Etablierung einer gesunden Konfliktkultur können die vier Familienwerte des dänischen Familientherapeuten Jesper Juul helfen; sie lauten: Gleichwürdigkeit, Integrität, Verantwortung und

Authentizität (ausführlich vorgestellt im vorherigem Kapitel *1×1 gelungener Eltern-Kind-Beziehungen* auf Seite 22).

Eine Grunderfahrung werden Sie wahrscheinlich schon selbst am eigenen Leib gemacht haben. Sie lautet: **Für den Frieden braucht es alle Beteiligte, für den Krieg reicht ein Familienmitglied.**

Eine weitere Grundregel bei Konflikten ist, dass es eine Sach- und Beziehungsebene gibt. Das Wie (Beziehung) gewinnt dabei immer vor dem Was (Sache). Wenn Sie sich eine tragfähige und langfristige Veränderung im Umgang mit Ihrem Kind wünschen, sollten Sie unbedingt auf das Wie achten. Das gilt sowohl für offene als auch für versteckte Konflikte.

Konflikte offen handhaben

Solange bei Streitigkeiten Ursache und Wirkung sichtbar auf dem Tisch liegen, ist viel gewonnen. Sie und Ihr Kind können nicht übersehen oder überhören, dass es zwischen Ihnen Differenzen gibt. Typische offensichtliche Konfliktfelder sind:

- gesellschaftliche, politische und religiöse Themen
- variierende Ansichten zur Erziehung der (Enkel-)Kinder
- gegensätzliche Lebensstile und -weisen

Schwierig wird es, wenn Sie oder Ihr Kind sich gegenseitig überzeugen wollen. Bei Politik und gesellschaftlichen Entwicklungen mögen Sie noch eine gute bis nervende Diskussion führen können. Oft lässt sich dies einfach mit dem beidseitigen Einvernehmen lösen, unterschiedliche Meinungen zu haben und darüber nicht zu sprechen. Wenn keiner von Ihnen missionarische Ambitionen hat, lassen sich damit sehr gut Streitigkeiten und schlechte Stimmung vermeiden. Das Thema wird innerhalb der Familie ausgespart. Das tut niemandem weh.

Bei einem offenen Konflikt ist eine Grundvoraussetzung für eine gute Handhabe erfüllt: Der Konflikt ist da und für alle sichtbar bzw. von allen anerkannt. Es gibt nämlich noch eine weitere Variante des offenen Konfliktes – der Elefant im Raum!

THE ELEPHANT IN THE LIVING ROOM 

„Der Elefant im Wohnzimmer" ist eine Metapher aus der englischen Sprache. Sie beschreibt ein offensichtliches Problem (der Elefant), das zwar im Raum steht, aber dennoch von den Anwesenden nicht angesprochen wird. Man spürt die Spannung und negiert sie.

Das Problem dabei ist, dass dies sehr viel Kraft und Energie kostet. Und der Elefant wächst und wächst von Besuch zu Besuch, denn das Negieren ist die Nahrung, die ihn immer größer werden lässt.

„Kindermund tut Wahrheit kund" ist ein bekanntes Sprichwort, welches Ihnen helfen kann, den Elefanten zu benennen. Gemeint sind jetzt Ihre Enkelkinder. Denn die Kleinen spüren die familiären Spannungen und zeigen diese sofort verbal oder nonverbal an. Entweder durch die direkte Frage: „Oma, warum kochst du Fleisch, wenn Mama das nicht essen mag?" oder indem Sie zum Beispiel weg gehen. Sie haben keine Lust, in der angespannten Stimmung bei den Großeltern und Eltern in einem Raum zu sein.

Die Elefanten-Metapher beschreibt einen Zwitter-Konflikt – nicht offen und doch nicht übersehbar. Hier braucht es Mut und Initiative, um es anzusprechen. Es lohnt sich, denn kaum wird der Elefant benannt, weicht die Spannung. Er verliert seine Dominanz und wird immer kleiner. Trauen Sie sich!

Ursprung verdeckter Konflikte

Die Elefanten-Konflikte sind für jeden spürbar. Heikel und fatal wird es bei Konflikten, die sich nicht zeigen. Die gar nicht angesprochen werden können, weil es keine sichtbaren Signale gibt.

Diese Konflikte finden innerhalb Ihres Kindes statt und sie haben eine Vorgeschichte. Wie auf einer Perlenkette reihen sich Erfahrungen der gemeinsamen Eltern-Kind-Beziehung aneinander und führen irgendwann zu einem Knall – in seiner radikalen Form zum kompletten Kontaktabbruch.

„Wieso hat mein Kind mir das nicht vorher gesagt?“, ist eine häufig gestellte Frage, wenn Eltern plötzlich konfrontiert werden. Die Frage sollte zugleich umformuliert werden: „Was habe ich als Mutter oder Vater all die Jahre übersehen?“ und noch schmerzhafter: „Wieso traute oder traut sich mein Kind nicht, mir das zu sagen?“ Welches elterliche Verhalten führte all die Jahre zu diesem Vertrauensverlust?

Bevor Sie jetzt aufschreien und sagen: „Halt, ich habe doch nicht an allem Schuld“, seien Sie beruhigt. Nein, Sie haben keine Schuld. Zugleich machen Sie sich noch einmal die Urdynamik einer Eltern-Kind-Beziehung bewusst. Ihr Kind reagierte als Baby, Klein-, Kita- und Schulkind auf Sie und Ihr Verhalten. Es hat bei und mit Ihnen gelernt, wie es sich in Konfliktfällen am besten verhält. Mit der Pubertät kommt der erste Befreiungsschlag. Trotzdem sind die ersten Lebenserfahrungen tief im Inneren Ihres Kindes verankert.

In Krisen und unter Stress greifen wir automatisch auf unsere frühkindlichen Verhaltensmuster zurück. Sie bieten Sicherheit, weil wir sie kennen. Wenn es früher hilfreich war, Konflikte zu vermeiden, also zu schweigen, dann macht das heute auch eine erwachsene Tochter oder ein volljähriger Sohn innerhalb seiner Beziehungen, wenn Gefahr droht.

Verstummen, sich nicht mehr melden, nur noch oberflächlich in Kontakt sein, ist eine Reaktion Ihres Kindes. Kurz gesagt: **„Wieso soll ich reden oder mich zeigen, wenn mir nicht zugehört wird oder ich nicht gesehen werde?“**

Die Frage offenbart das ganze Dilemma. Ihr Kind fühlte und fühlt sich nicht gesehen – Sie hingegen haben das Gefühl, dass es gar keine Signale gibt. Aus dieser Zwickmühle kommen Sie nur heraus, wenn Sie als Mutter oder Vater den ersten Schritt gehen. Leitfragen für den Initialschritt sind:

- Was für eine Mutter/ein Vater bin ich bisher gewesen?
- Wenn ich mein Kind wäre, wie würde ich auf mich reagieren – früher und heute?

Es ist unterstützend, die Antworten im Gespräch mit Zeitzeugen zu überprüfen und zu verfeinern. Unsere Selbstwahrnehmung neigt dazu, die Vergangenheit zu verklären – ins Positive wie ins Negative. Ihr Partner, Verwandte und Freunde können sehr hilfreiche und korrigierende Hinweise geben. Nutzen Sie diese Chance zur Selbstreflexion.

FAMILIÄRE KONFLIKTE LÖSEN

Um Konflikte mit Ihrem erwachsenen Kind zu klären und zu lösen, brauchen Sie folgenden Dreiklang:

1. Beide Seiten erkennen an, dass es einen Konflikt gibt.
2. Beide sind bereit für Ursachenforschung.
3. Beide wollen eine Veränderung.

Eltern-Kind-Beziehungen haben auch im erwachsenen Alter noch ein subtiles und kaum wahrnehmbares Gefälle von oben (Eltern) nach unten (Kind). Daher sollten Sie als Mutter und Vater den ersten Schritt tun, wenn Sie einen Konflikt lösen möchten.

Es gibt mindestens zwei Sichtweisen

KIND **Meine Mutter liegt mir dauernd in den Ohren, warum ich mich nicht melde und wann ich wieder zu Besuch käme. Ich rufe wöchentlich an und fahre circa alle zwei Monate vorbei. Das ist doch sehr viel – sagt zumindest mein Freund.**
MUTTER **Meine Tochter meldet sich kaum noch und die Besuche sind auch seltener geworden. Das ist doch nicht normal, oder? Ich bin doch ihre Mutter! Ich komme mir vor wie auf dem Abstellgleis.**

Jede Medaille hat zwei Seiten – jede Beziehung zwei Perspektiven. Das Gespräch darüber ist oft die Lösung. Die Herausforderung liegt darin, in den Austausch über die beiden Sichtweisen zu kommen, wenn man vielleicht gar nicht oder nur sporadisch im Kontakt ist.

! MIT WELCHER BRILLE SCHAUEN SIE AUF DIE WELT?

Gedanken und Glaubenssätze bestimmen die individuelle Wahrnehmung der Realität. Kurz: **Wir sehen, was wir sehen wollen.** Zumindest wenn wir unachtsam und schnell hinschauen. Wie bei einer Sonnenbrille bestimmt die Farbe der Gläser Ihren Blick auf die Welt und auf Ihr Kind.

Jeder von uns trägt so eine Brille. Selbst die weisesten Frauen und Männer dieser Welt schauen durch persönliche und einzigartige Brillen. Was sie weise macht, ist das Wissen über ihre Brille. Sie können sie zwar nicht abnehmen, doch die Färbung und Schärfe der Gläser lässt sich durch Achtsamkeit verbessern. Der Blick wird klarer und vorurteilsfreier.

Perspektiven verstehen

Wie tickt Ihr Kind? Um die Perspektive Ihres Kindes zu verstehen, müssen Sie es im positiven Sinne durchschauen. Damit dies gelingt, brauchen Sie ein offenes Ohr und einen klaren Blick für die verbalen und nonverbalen Ausdrücke und Zeichen.

Betrachten Sie die gesamte Persönlichkeit Ihres Kindes und nicht nur den Ausschnitt, den Sie mögen oder erwarten.

Ihr Kind verhält sich und kommuniziert, genauso wie Sie, bewusst und unbewusst. Auf beiden Ebenen liegt ein Schlüssel für einen Perspektivenwechsel und damit verbunden ein tieferes Verständnis. Die Ebenen können Sie im Gespräch erforschen. Hier können Sie mit verschiedenen Fragestellungen auf Spurensuche gehen:

- Wer, was, wann, wo, wie, wieso ...? (Thema erkennen)
- Wozu, wofür, worauf kommt es an? Welcher Zweck? (Interessen hinter dem Thema verstehen)
- Wie stehst du dazu? Was empfindest du? (Gefühle hinter den Interessen entdecken)
- Was reizt oder fasziniert dich daran? (Innere Antriebe erforschen)

„Ich weiß doch, wie mein Kind ist!"

Bitte werfen Sie diese typisch elterliche Grundhaltung über Bord. Nein, Sie wissen nicht, wie Ihr Kind ist. Sie bekommen dieses Nichtwissen ja aktuell zu spüren, da Ihr Kind sich weniger bis gar nicht mehr meldet und Sie sich dies nicht erklären können.

Eine andere Variante des Nichtwissens ist, wenn sich Ihr Kind zur Schauspielerei entscheidet. Es spielt Ihnen die Kindversion vor, die Sie sehen wollen. Warum? Weil es dann weniger Stress mit Ihnen hat, sich nicht erklären muss oder weil es die Hoffnung schon lange aufgegeben hat, als ganze und eigenständige Persönlichkeit gesehen zu werden. Es ist der Weg des geringeren Widerstandes und gleichzeitig der Weg in eine Beziehungslosigkeit zwischen Eltern und Kind.

Das können Sie verhindern, indem Sie in jeder Lebensphase einen offenen und erwartungslosen Blick auf Ihr Kind und sein Leben werfen. Sie müssen nicht alles gutheißen. Wenn es Ihnen gelingt, Ihr Kind einfach zu sehen und ihm dies zu vermitteln ohne Druck und Erwartungen, ist das eine vielversprechende Einladung an Ihr Kind, sich zu zeigen.

DER ERSTE SCHRITT ZU EINER NEUEN PERSPEKTIVE

Es ist nie zu spät damit anzufangen, eine erweiterte Sichtweise zu etablieren. Den ersten Schritt sollten Sie als Mutter oder Vater gehen:

„Bisher habe ich dich nicht ganz wahrgenommen. Ich wollte Teile von dir und deinem Leben nicht sehen. Das tut mir leid. Heute weiß ich, dass ich damit den Kontakt zu dir belastet oder zumindest eingeengt habe. Das will ich ändern. Gibst du mir eine Chance, dich neu zu entdecken?"

Danach lassen Sie sich überraschen!

TYPISCHE URSACHEN FÜR ENTFREMDUNG

Bindung und Autonomie sind Grundbedürfnisse für uns Menschen als soziale Wesen. Dazu kommt das Gefühl von Anerkennung: „Ich bin okay, so wie ich bin." Gerät dieser Dreiklang in einer Beziehung aus der Balance, kann die Kontaktminderung eine natürliche Reaktion sein – nicht als Angriff, sondern als Selbstschutz.

Nähe oder Distanz? Enge oder Ferne? Aktiv oder passiv? Anerkennend oder abweisend? Wie wollen Sie den Kontakt zu Ihrem/Ihren Kind/Kindern halten und leben?

Wenn Ihr Kind den Kontakt zu Ihnen mindert, pausiert oder abbricht, dann hat es seine Gründe. Es reagiert auf Situationen im Hier und Jetzt und zeitgleich werden Erfahrungen und Erinnerungen aus der Vergangenheit getriggert.

Das führt dazu, dass Ihr Kind sich zum Beispiel nach einem Telefonat mit Ihnen erschöpft fühlt, obwohl es inhaltlich gut gelaufen ist. Doch es reicht eine Aussage, eine Haltung im Gespräch, die Ihr Kind an das Eltern-Kind-Verhältnis von früher erinnert. Die Erfahrungen sind tief im Unterbewusstsein und emotionalen Gedächtnis gespeichert.

Die Ursachen einer Kontaktminderung liegen im Spannungsfeld von Bindung und Autonomie. Konkret: Kinder erfuhren früher elterliche Kontaktlosigkeit oder grenzenlosen Kontakt. Darauf reagieren Sie heute im erwachsenen Alter immer noch. Andauernde Schuldzuweisungen sowie Wertekonflikte sind weitere Gründe für Dissonanzen.

Kontaktlosigkeit als Familien-DNA

KIND **Ich würde meine Mutter oder meinen Vater niemals kontaktieren, wenn es mir nicht gut geht. Elterliche Geborgenheit als Gefühl ist mir fremd. Körperliche Berührungen oder herzliche Worte waren in meiner Kindheit Mangelware – zumindest in meiner Erinnerung.**
ELTERN **Wir waren als Eltern sehr mit uns beschäftigt. Wir waren jung, lebten unser Leben und unsere Tochter lief nebenbei einfach mit. Es konnte auch schon einmal passieren, dass sie lange alleine zu Hause war als Kleinkind. Rückwirkend gesehen tut uns das leid, doch ändern können wir es nicht mehr. Gibt es einen Weg, unserer erwachsenen Tochter trotzdem Geborgenheit und Sicherheit geben zu können?**

Die frühkindlichen Erfahrungen bestimmen massiv unser zukünftiges Erleben und Verhalten. In den ersten Lebensjahren entwickeln Kinder ihr Urvertrauen in ihre Eltern und in die Welt, in der sie leben. **Elterlicher Augenkontakt, körperliche Berührungen und zugewandte Wörter sind essenziell, damit ein Kind sich sicher fühlt.** Bleiben diese Signale aus, entwickelt das Kind einen Überlebensmodus, um in dem unsicheren oder kontaktlosen familiären Umfeld bestehen zu können.

Erschüttertes Urvertrauen

Die Kinder verschließen sich innerlich, sie blühen nicht auf. Äußerlich mag die Entwicklung ganz normal verlaufen, doch der innere Kern des Kindes wird geschützt, um keine Enttäuschungen oder Verletzungen mehr zu erfahren. Der erste ganz wichtige Kontaktzugang – das Urvertrauen in Mama und Papa – ist erschüttert.

Einige Menschen können mit dieser Erschütterung ein Leben lang gut leben. Andere bauen sich Workarounds in ihr Leben ein, um nicht mehr mit der frühkindlichen Erfahrung konfrontiert zu werden. Das gepflegte und stilisierte Single-Dasein, in der jede längerfristige zwischenmenschliche Beziehung vermieden wird, ist ein Beispiel für so einen Workaround. Alkohol oder sonstige Drogen helfen auch vielen Menschen sich abzulenken und zu entspannen in einer – aus ihrer Sicht – unfreundlichen oder kalten Welt.

Vielfach bedarf es einer therapeutischen Unterstützung, um das erschütterte und verschüttete Urvertrauen zu stabilisieren und zu reanimieren. Und es kann sein, dass ein therapeutischer Rat lautet, den Kontakt zu den Eltern ruhen zu lassen. Nicht weil der Therapeut sich gegen die Eltern stellt, sondern weil er seinen Klienten – Ihr Kind – stärken möchte. Und dafür bedarf es eventuell einer bewussten Abgrenzung zu Ihnen als Mutter oder Vater, um als Kind nicht immer wieder in die frühkindlichen Gefühle und Verhaltensmuster zu verfallen.

Als Bild mag folgender Vergleich helfen: Ein Alkoholiker auf Entzug tut gut daran, Bars und Kneipen zu meiden, um nicht andauernd mit den Verlockungen von Bier, Wein und Co umgeben zu sein. Je nach Stimmungslage bleibt er standhaft oder schwankt in Richtung Rückfall. Das Gleiche gilt für ein erwachsenes Kind, welches sein Urvertrauen stärken möchte. Die Gefahr bei Anrufen oder Besuchen, sich wieder eine tiefe Enttäuschung abzuholen ist sehr groß. **Daher ergibt die Kontaktminderung oder der Kontaktabbruch für das Kind Sinn.**

Was können Sie als Eltern heute tun?

Die Vergangenheit können Sie nicht ändern. Das was war, ist gewesen. Doch Sie können anerkennen, dass Sie Ihrem Kind eine Bürde in die Wiege gelegt haben – die Erfahrung von Kontaktlosigkeit.

Alle Eltern geben immer das Beste, was sie geben können. Bitte verinnerlichen Sie diese Grundhaltung! Sie hatten damals Ihre Gründe, wieso es Ihnen nicht gelang, das Urvertrauen Ihres Kindes gut aufzubauen und zu bedienen. Vielleicht waren Sie zu jung, zu viel mit sich selbst beschäftigt oder die Umstände erforderten, dass Ihre Aufmerksamkeit woanders liegen musste.

Womöglich haben Sie selbst als Kind nicht elterliche Liebe und herzlichen Kontakt erfahren dürfen. Sie sind also selbst tief im Inneren verschlossen. Sie können Kontakt nur bis zu einem gewissen Level halten, dann wird es schwer, weil Sie innere Trauer oder Wut spüren. Sie merken, dass hat mit Ihrer Biografie und nicht mit Ihrem Kind zu tun. In diesem Fall haben Sie eine verbindende Gemeinsamkeit zu Ihrem Kind. Sie beide haben Kontaktlosigkeit erfahren.

VOM OPA ZUM VATER ZUM SOHN

Karl (60) sieht seinen Sohn Thomas (27) nur zweimal im Jahr. Zu Weihnachten und zum Geburtstag seiner Frau, der Mutter von Thomas.

Beim letzten Geburtstag kam es zu einem Eklat. Thomas hat ihm vor versammelter Familie vorgeworfen, dass er sich nie von ihm gesehen gefühlt habe. Kalt und herzlos sei er als Vater gewesen. Und er werde als Vater ganz anders sein! Damit war es dann auch raus. Karl wird bald Opa.

Der Vorwurf hat Karl tief erschüttert. Er spürte Tränen in seinen Augen, die er jedoch niemals zeigen würde. Denn das hatte er von seinem eigenem Vater gelernt: Niemals weinen – immer stark sein.

Mehr hat ihm sein Vater auch nicht mitgegeben. Aufgewachsen war er im Kreise seiner Schwestern und Mutter. Die Mutter hatte soviel zu tun, dass für ihn als kleinen Karl kaum Aufmerksamkeit übrig blieb.

Wie ein Blitz durchzog ihn diese Erkenntnis und zeitgleich fühlte Karl sich gefangen in der eigenen Biografie. Er kam nicht raus aus seiner Haut, obwohl es doch so viel Liebe und Freude für seinen Sohn Thomas in sich trägt.

Kontaktlosigkeit zementieren oder aufbrechen?

Es ist Ihre Entscheidung, ob Sie die Kontaktlosigkeit beenden wollen oder nicht. Ob es gelingt, steht zugleich in den Sternen, denn ob Ihr

Kind bereit ist, Ihr Angebot anzunehmen, können Sie nicht beeinflussen. Somit besteht die Gefahr, dass Sie sich gar nicht erst öffnen, um nicht zu scheitern und enttäuscht zu werden. **Keine Veränderung auf Ihrer Seite bedeutet, dass die Kontaktlosigkeit sich höchstwahrscheinlich verfestigen wird.**

Wenn Sie eine Veränderung beginnen wollen, dann sollten Sie folgende Fragen mit einem satten Ja beantworten können:

1. Bin ich bereit, mich zu ändern?
2. Bin ich bereit, meine eigene Biografie aufzuarbeiten?
3. Bin ich bereit, Verantwortung für mein elterliches Tun zu übernehmen?
4. Bin ich bereit, mich meinem Kind zu offenbaren?

Die Änderungsbereitschaft ist Ihr Antrieb für die nächsten Antworten. Wenn Sie wollen, dass Ihr Kind sich ändert, dann sind Sie auf dem Holzweg. Die Veränderung muss bei Ihnen als Mutter oder Vater beginnen. Da liegt die Chance für ein neues Vertrauensverhältnis.

Das wird bedeuten, dass Sie sich Ihrer eigenen Biografie stellen dürfen. Was haben Sie als Kind erlebt? Wie steht es um Ihr Urvertrauen? Je mehr Sie sich selbst verstehen, umso mehr werden Sie Ihr Verhalten als Mutter oder Vater verstehen können.

Auf diesem Selbstverständnis basiert die Übernahme der Verantwortung. Sagen Sie Ihrem Kind: „Ja, so habe ich mich damals verhalten. Ja, ich habe dich alleine gelassen. Ja es hat knapp 55 Jahre gedauert, bis ich bereit war, mich meiner Verantwortung zu stellen. Es tut mir leid, dass ich damals so war, wie ich war". Das ist schmerzhaft zu sagen und zu hören. Und doch ist es der Ausweg aus der Sackgasse, denn es wird keine Schuld verteilt oder Rechtfertigungen geäußert. **Mit der Übernahme der Verantwortung erkennen Sie an, dass Ihr Kind einen Preis zahlen musste.** Nämlich Kontaktlosigkeit in einer Zeit, wo Kontakt so wichtig gewesen wäre. Diese Anerkennung – ausgedrückt mit: „Es tut mir leid" – erleichtert Ihr Kind ungemein. Jetzt wird es gesehen.

Wenn Sie überdies Ihre eigene Geschichte erzählen können, also was Sie als Kind erlebt haben, wieso Kontakthalten für Sie schwierig war und ist, dann öffnen Sie das Tor für einen erwachsenen Austausch von Elternteil zu Kind. Der Kontakt beginnt mit dem Gespräch über die bisherige familiäre Kontaktlosigkeit.

KONTAKTLOSIGKEIT ÜBERWINDEN

Der Weg von Kontaktlosigkeit zu einer neuen herzlichen Eltern-Kind-Beziehung ist lang und steinig. Zeit brauchen und Schmerzen verursachen können:

- Selbsterkenntnisse über die Ursachen der eigenen Kontaktlosigkeit
- neue Sichtweise auf das elterliche Verhalten in der frühen Kindheit der eigenen Kinder
- Übernahme von Verantwortung für das eigene Tun und Verhalten

Vergessen Sie nicht: **Der Weg ist das Ziel.** Ob Sie ankommen werden, kann Ihnen niemand garantieren. Doch sobald Sie sich aktiv auf den Weg machen, erhöhen Sie die Chance enorm!

Grenzenlosigkeit und Überbehütung

KIND **Ich brauche Luft zum Atmen. Wieso klammert meine Mutter so an mir? Seit ich zurückdenken kann, hat sie ihren ganzen Beziehungsballast mit meinem Vater bei mir abgeladen. Ich kann, nein ich will das nicht mehr hören!**
MUTTER **Meine Tochter ist meine beste Freundin. Ihr kann ich alles erzählen. Sie spendet mir Trost. Sie hat immer ein offenes Ohr für mich. Ich werde sie niemals aufgeben!**

Der Gegenpol zur Kontaktlosigkeit ist die Grenzenlosigkeit und Überbehütung. Das Pendel ist damit ins andere Extrem einer Eltern-Kind-Beziehung ausgeschlagen.

Elterliche Sehnsucht nach Liebe und Harmonie

Mütter und Väter, die am eigenen Leib Kontaktlosigkeit oder Einsamkeit in ihrer Herkunftsfamilie erlebt haben, wollen es anders machen. Sie nehmen sich fest vor, Ihrem Kind die Erfahrung zu ersparen und schießen mit guter Absicht über das Ziel hinaus.

Sie verlieren den Sinn für das natürliche Autonomiebestreben der Kinder. Eigentlich haben diese Eltern gar nicht die Kinder im Blick, sondern nur ihre eigenen Bedürfnisse nach Liebe und Harmonie. **Das Kind wird zum Objekt der eigenen Bedürftigkeit. Sowas ist noch nie gut ausgegangen, wenn Sie eine gesunde Eltern-Kind-Beziehung haben wollen.**

Das Kind soll ihnen geben, was sie von ihren eigenen Eltern nicht bekommen haben. Das ist eine sehr egozentrische Haltung, verpackt in der elterlichen Fürsorge für das eigene Kind. Wenn Kinder sich wehren oder abgrenzen wollen, wird ihnen gerne Undankbarkeit oder mangelnde Empathie vorgeworfen:

- „Wie kannst du nur? Ich habe doch alles, wirklich alles, für dich gemacht!“
- „Ich war immer für dich da! Jetzt musst du für mich da sein!“
- „Ich liebe dich so sehr! Ich werde immer für dich da sein! Wieso willst du das nicht?“
- „Dein Vater und ich haben dir immer alles recht gemacht. Wie undankbar kann man nur sein, dass man dies nicht sieht und würdigt?“
- „Ich lasse dich nicht los! Du bleibst immer meine kleine Prinzessin.“

Beim Lesen bekommen Sie vielleicht Gänsehaut. Das klingt teilweise übergriffig und erinnert beinahe an Stalking aus Beziehungsdramen im TV. Doch leider ist dies oft die Realität innerhalb von Familien mit erwachsenen Kindern.

Kinder wehren sich dagegen – zu Recht und das ist sehr gesund! Als Baby und Kleinkind haben sie die elterliche Liebe und Fürsorge aufgesogen. Einige schafften es schon im Autonomiealter („Trotzphase") sich von den Eltern abzugrenzen. Andere brauchten dafür die Pubertät im Jugendalter oder es gelingt ihnen erst mit dem Auszug aus dem Elternhaus, räumliche Distanz aufzubauen, um die Eltern auf Abstand zu halten.

Prüfen Sie Ihre Motivation

Liebe kann es nie genug geben. Doch bezogen auf die Eltern-Kind-Liebe sollten Sie überprüfen, wann und wie Sie Ihr Kind wirklich lieben und wann es eigentlich nur um Sie als Mutter oder Vater geht. Um Ihren Bedürfnissen und Motivationen auf die Schliche zu kommen, hilft eine kleine Übung. Vollenden Sie spontan folgende Aussagen:

- Ich liebe, um ...
- Ich mache alles, um ...
- Ich bin immer für mein Kind da, weil ...
- Ich vermeide Konflikte mit meinem Kind, um ...

Wenn Sie in den Begründungen von Ihrem Kind etwas wie Liebe, Aufmerksamkeit oder Dankbarkeit zurückerwarten, dann haben Sie eine Spur zu einem unerfüllten Bedürfnis in Ihnen.

Hinterfragen Sie sich, ob Ihr Kind wirklich die richtige Person dafür ist oder ob nicht eher jemand anderes die Bedürfnisse stillen sollte – zum Beispiel die eigenen Eltern, der Partner, die Partnerin, Freunde oder das soziale Umfeld. In den meisten Fällen spüren die Kinder nämlich, dass sie ein Ersatz sind für fehlende Aufmerksamkeit vom Partner oder Freunden oder sonst wem. Das ist jedoch nicht ihre Aufgabe. Kontaktminderung oder -abbruch ist eine Art des Freischwimmens von den Erwartungen der Eltern. Es ist ein schmerzhaftes Geschenk an Sie, sich den eigenen emotionalen Themen zu stellen.

Falsch verstandene Freundschaft

Die Tochter als beste Freundin – der Sohn als bester Freund. Diese Rolle schreiben Eltern gerne ihren Kindern zu, wenn sie die Mutter- oder Vaterrolle selbst nicht annehmen wollen. Zwischen Eltern und Kindern kann es eine Art freundschaftliches Miteinander geben (mehr dazu im Abschnitt *Eltern als Freunde oder mehr* ab Seite 99).

Sie bleiben jedoch immer Mutter und Vater Ihres Kindes. Ihr Kind konnte Sie sich nicht aussuchen und sich für Sie frei entscheiden. Bei Freundschaften geht das. Die werden frei gewählt, gepflegt und beendet. Das ist der große Unterschied. Sie als Eltern sind nicht austauschbar – Ihr Kind auch nicht.

Es ist wichtig, diese unwiederbringliche Verbundenheit zu akzeptieren. Denn daran knüpft sich ja auch der verantwortungsvolle Umgang als Mutter und Vater mit der Macht innerhalb der Eltern-Kind-Beziehung (siehe dazu auch den Abschnitt *Übernahme von Verantwortung* auf Seite 31).

„WIESO ERZÄHLST DU MIR DAS? ICH WILL DAS NICHT HÖREN!"

„Ach Sara, mit deinem Vater ist es echt schwierig", beginnt Saras Mutter das Telefonat. „Er fasst mich kaum noch an. Körperlichkeit oder Sex gleich Zero. Ich weiß auch nicht mehr, was ich noch machen soll."

Sara ist ganz irritiert: „Mama, wieso erzählst du mir das? Ich will das gar nicht hören! Allein die Vorstellung du und Papa – nein, das Kopfkino brauche ich echt nicht."

„Aber Schätzchen, wem soll ich das denn sonst erzählen. Du kennst doch Papa und außerdem haben wir doch immer alles besprochen. Wir sind doch beste Freundinnen."

„Nein Mama, du hast mir immer alles ungefragt berichtet. Ich will das nicht. Such dir bitte eine Freundin, mit der du dein und Papas Sexleben besprechen kannst."

Kleine Faustregel aus dem Beispiel von Sara und ihrer Mutter: Kaum ein Kind interessiert sich für das Sexleben seiner Eltern. Das ist ein Thema für eine gute Freundin oder einen guten Freund. Das gleiche gilt für Details bei elterlichen Beziehungsproblemen. Auch hier sollten Sie Ihr Kind nur darüber informieren, dass es Probleme gibt. Die Erörterungen dazu und Lösungsfindungen gehören in den Kreis von Freunden, Bekannten oder externen Beratern.

Damit vermeiden Sie es, Ihr Kind mit Ihren Themen zu belasten. Am Anfang mag es noch zuhören, weil es sich loyal mit Ihnen verbunden fühlt. Später wird der gesunde Instinkt der Abgrenzung dazu kommen. Ihr Kind wird immer weniger mit Ihnen reden wollen, da es bei diesen persönlichen Themen rund um Beziehung und Sex nur unter die Räder kommen kann. Es soll dann mit Ihnen auf den Elternteil schimpfen, der gleichzeitig seine Mutter oder sein Vater ist. Das fühlt sich für kein Kind gut an.

Der Wunsch nach Kontrolle

Niemand lässt sich gerne kontrollieren. Und doch gibt es viele Eltern, die sich sehr schwer damit tun, ihr Kind loszulassen und ihm Vertrauen zu schenken für den individuellen Lebensweg. Woran liegt das?

Kontrolle behalten zu wollen, ist eine persönliche Überlebensstrategie. Damit wird Sicherheit simuliert. „Wenn ich alles unter Kontrolle habe, dann kann mir nichts passieren“, lautet der tief verinnerlichte Glaubenssatz von Kontrollfreaks. Oftmals gepaart mit einem Drang nach Perfektionismus. „Ich weiß wie es geht und dann wird es perfekt“, ist der Irrglaube dahinter.

Kontrolle behalten zu wollen, kostet sehr viel Kraft. Immer mit der Furcht, dass etwas entgleiten könnte. Immer vorausschauend und dabei den Ist-Zustand übersehend durchs Leben gehen. Kinder, die im erwachsenen Alter kontrollierende Eltern haben, können häufig nur den Kontakt zu den Eltern meiden oder sich zum Schauspielen oder Lügen bei einem Kontakt entscheiden. Das ist nicht die Art von Begegnung, die Sie sich wünschen.

Wenn Sie die Kontrollader in sich spüren, dann gibt es ein Zauberwort, wie sie den inneren Dialog entschärfen können: die Erlaubnis. Sie spüren den Drang, ihr Kind anzurufen, um zu erfahren, wo es sich jetzt gerade befindet und ob alles in Ordnung ist? Antworten Sie mit: „Ich erlaube mir, nicht anzurufen."

Das ist eine Übungssache und bedarf Zeit, damit es wirkt. Sie werden bei konsequenter Anwendung merken, dass die Erlaubnis sehr erleichternd wirkt – nach innen zu Ihnen und nach außen zu Ihrem Kind.

DAS RICHTIGE MASS AN NÄHE UND DISTANZ

Für eine gute Entwicklung brauchen Kinder ein vernünftiges Maß an Nähe und Distanz. Nähe ist wichtig für das Gefühl von Geborgenheit, Sicherheit und Zugehörigkeit. Babys brauchen das ganz stark – erwachsene Kinder immer weniger.

Distanz ist wichtig für die Entwicklung der eigenen Autonomie, Selbstwirksamkeit und Selbstbewusstsein. Babys brauchen die Distanz fast gar nicht – für erwachsene Kinder ist sie überlebenswichtig.

In der Zeitspanne zwischen Geburt und Volljährigsein schlägt das Pendel von Nähe und Distanz mehrfach in Extreme aus (Symbiose als Baby – Distanz in der Pubertät).

Hier haben Sie als Mutter oder Vater mehrfach die Chance, die richtige Balance mit Ihrem Kind zu finden. Die ist immer individuell. Doch sie ist nie einseitig! Das bedeutet: Sprechen Sie mit Ihrem Kind darüber, wie es die Nähe und Distanz zu Ihnen empfindet. Sie könnten so beginnen: „Ich würde gerne wissen, ob ich dir zu nahe bin? Wenn ja, wann und wo? Deine Antwort hilft mir, mein Verhalten für die Zukunft zu ändern."

Ungesunde Schuldzuweisungen

KIND Ich fühlte mich lange schuldig für das Leid meiner Mutter. Erst im Rahmen einer Therapie konnte ich aufarbeiten, dass meine Mutter sich scheute, Verantwortung für ihr Leben zu übernehmen. Es war einfacher für sie, mich als Ursache für ihre Beziehungsprobleme und ihre nicht erfüllten Träume zu sehen, als ihr eigenes Verhalten zu hinterfragen. Heute meide ich bewusst den Kontakt zu ihr und melde mich nur ganz selten. Damit schütze ich mich vor meinen kindlichen Schuldgefühlen, die immer noch tief in mir verankert sind – trotz meiner 37 Jahre.

MUTTER Ich wollte in Berlin studieren und dann die Welt sehen. Doch ich wurde ungewollt schwanger und meine Träume zerplatzten. Meine Ehe ging später in die Brüche, weil wir einfach zu jung waren. Da war meine Tochter gerade drei Jahre alt. Kann sein, dass sie früher öfter meinen Frust über mein Leben unterschwellig abbekommen hat. Wenn sie nicht gewesen wäre, hätte ich ganz anders gelebt. Dass sie sich heute kaum meldet, finde ich aber überhaupt nicht gut.

Schuldgefühle oder Gewissensbisse entstehen, wenn gegen eine Norm verstoßen wurde. Was der Norm entspricht, entscheidet das soziale und gesellschaftliche Umfeld, in dem wir aufwachsen. Das Familienleben bestimmt maßgeblich die Normen, die uns prägen. Der Umgang mit Schuld bedarf daher sehr viel Bewusstsein und Verantwortungsgefühl – gerade im Eltern-Kind-Bezug.

Wenn Schuldgefühle zu einer Kontaktminderung im Erwachsenenalter führen, dann ist dies aus Sicht des Kindes womöglich ein erster Befreiungsschlag. Das Gefühl, verantwortlich für die eigenen Eltern zu sein, soll im Kontakt zu den Eltern keine neue Nahrung mehr bekommen.

Die Last kindlicher Schuldgefühle

Mutter, Vater und Kind oder Kinder sind ein System – das Familiensystem. Die Eltern stehen am Anfang „über" den Kindern als Ernährer und Beschützer im Leben. Später werden sie Begleiter und nehmen immer mehr einen Platz neben dem Kind ein. Spätestens mit dem Auszug des Kindes beginnen Eltern, die Rücklichter ihrer Kinder zu sehen – sie werden ein Rückhalt.

Innerhalb dieser Evolution der Eltern-Kind-Beziehung zahlen alle Beteiligten immer wieder einen Preis und machen sich schuldig – nicht im Sinne eines Verbrechens, sondern im Sinne von Ursache und Wirkung.

DIE KAPUTTE VASE – TEIL 1

Der vierjährige Tom rennt voller Elan durch das Wohnzimmer. Verfolgt von seinem Vater, der ihn fangen will. Plötzlich stößt Tom gegen die wertvolle Bodenvase; sie wackelt, fällt und zerspringt in viele Kleinteile.

„Pass doch auf. Man, jetzt wird Mama echt traurig sein", schimpft Toms Vater. Ihm schießt noch der Gedanke durch den Kopf, dass er auch Ärger bekommen wird von seiner Frau, denn sie findet ja grundsätzlich, dass er mit Tom zu wild sei.

Tom fängt an zu weinen. Das schöne Spiel mit Papa ist so urplötzlich vorbei. Daran ist er schuld und Mama wird traurig sein. Wäre er anders, dann wäre das alles nicht passiert. Die unbedarfte kindliche Seele bekommt einen weiteren Knacks, denn es ist nicht das erste Mal, dass Tom von seinem Vater als schuldig befunden wird.

Das Vasenbeispiel zeigt den Mechanismus, wie kindliche Schuldgefühle entstehen. Tom ist zu klein, um sich gegen die väterliche Schuldzuweisung wehren zu können. Er kann nicht sagen: „Hör mal zu Papa. Ich bin vier Jahre alt und habe voller Inbrunst Fangen mit dir gespielt. Darin bin ich zu einhundert Prozent aufgegangen.

Deshalb hatte ich keine Augen für meine Umgebung. Das hat übrigens kein Kind in meinem Alter. Also unterlasse es, mir die Schuld zuzuschieben. Es ist deine väterliche Verantwortung, den Gesamtüberblick zu halten. Ich verlasse mich da auf dich!"

Das kann der kleine Tom so leider nicht erkennen und äußern. Stattdessen zieht er sich die Schuhe der Schuld an, die der Vater ihm hinstellt. Aus Verbundenheit zu seinem Vater, der ja – aus Toms Sicht – unfehlbar ist.

Dies ist das Dilemma jedes Kleinkindes, es fühlt sich schuldig, wenn Eltern ihm die Schuld zuweisen. Die Erkenntnis, dass viele kindliche Schuldgefühle daher rühren, dass die Eltern damals die eigene Verantwortung nicht übernehmen konnten oder wollten, reift erst im erwachsenen Alter heran (ausführlich erläutert im Abschnitt *Übernahme von Verantwortung* ab Seite 31). Da hat sich jedoch schon eine gefühlte Schuldenlast angehäuft. Das Kind entscheidet sich zum gesunden Selbstschutz, diese Last nicht zu vergrößern. Die Kontaktminderung oder der -abbruch sind ein erster Schritt raus aus der Situation – aus der kindlichen Perspektive.

Schuldfrage nachträglich klären?

Sie könnten jetzt sagen, das ist doch alles Schnee von gestern. Es war, wie es war und sei doch kein Grund, sich heute als erwachsene Tochter oder erwachsener Sohn so anzustellen. Und außerdem sind Sie nicht schuld daran, dass Ihr Kind sich kaum meldet. Schließlich hat sie oder er ja den Kontakt beendet. Dann liegt ja wohl bei ihr oder ihm die Ursache und die Schuld für das schlechte Verhältnis zu Ihnen.

Das ist eine Haltung, die einige Eltern einnehmen, um sich der eigenen Verantwortung nicht stellen zu müssen. Manche können und wollen es auch nicht, da die Selbstreflexion zu schmerzhaften Erkenntnissen über das eigene elterliche Verhalten führen würde.

Es ist nie zu spät, die eigene Verantwortung und Schuld anzunehmen und den Preis, den das Kind zahlen musste, anzuerkennen. Es verändert nicht die faktische Vergangenheit, doch es kann in der Gegenwart ungemein emotional entlastend für Ihr Kind sein, wenn es hört, dass die Eltern Verantwortung übernehmen.

DIE KAPUTTE VASE – TEIL 2

Tom (34) erzählt bei einem seiner seltenen Elternbesuche, dass er kaum vorbei käme, da er immer das Gefühl habe, für die Stimmung in der Familie die Verantwortung tragen zu müssen. Darauf habe er keine Lust. „Wie kommst du denn darauf?", fragt sein Vater nach.

Tom erzählt die Geschichte der kaputten Bodenvase und wie stark immer noch die damalige Hilflosigkeit, Trauer und das Schuldgefühl in ihm feststeckt. Bei seinem dreijährigen Sohn Malte achte er besonders darauf, das Verhalten seines Vaters nicht zu wiederholen.

Toms Vater hört innerlich bewegt zu. Er erinnert sich an die Szene, sein eigenes Erschrecken und die Angst, in den Konflikt mit seiner Frau gehen zu müssen. Er sieht Tom an und sagt: „Du Tom, es tut mir leid, wie ich mich damals verhalten habe. Es war nicht okay, dir die Schuld zu geben. Ich hatte Angst vor dem Streit mit deiner Mutter, denn sie warf mir immer vor, zu wild mit dir zu sein. Leider war ich nicht Mann genug, mich diesem Konflikt zu stellen. Dass dich das heute noch beschäftigt, tut mir leid und ich finde es toll, dass du es mit Malte anders machst."

Tom spürt, wie sich etwas in ihm löst. Er antwortet: „Danke Papa, das tut gut, dies zu hören – auch mit 30 Jahren Verspätung."

Die Übernahme elterlicher Verantwortung – auch für bereits lange Vergangenes – kann Kinder ungemein entlasten und damit die Tür öffnen für weitere Gespräche und Kontakte auf einer neuen geklärten Ebene.

HEILENDER UMGANG MIT SCHULD

Anders als Freude, Angst, Wut, Trauer und Ekel ist das Schuldgefühl nicht angeboren, sondern entsteht erst im sozialen Kontakt. Beantworten Sie folgende Fragen für sich:

- Wer hat Schuld an der Kontaktminderung?
- Wie definieren Sie die Schuld?
- Welchen Anteil hatten Sie in der Vergangenheit oder haben Sie heute?

Sobald Sie Ihren Anteil formulieren können, sagen Sie es Ihrem Kind – auch wenn es schon lange zurück liegt. „Es tut mir leid, dass ich …“, lautet der Satz, der Ihnen möglicherweise neue Kontakt-Perspektiven eröffnet. Alternativ können Sie dies auch mit einem persönlichen Brief oder einer E-Mail machen.

Massive Wertekonflikte

KIND 1 Politisch stehe ich sehr links. Da knallt es regelmäßig am Tisch meiner Eltern, wenn wir über das aktuelle Weltgeschehen sprechen. Ich habe keine Lust mehr darauf.

VATER 1 Mein Kind befindet sich politisch auf einem Irrweg. Das war schon in der Pubertät so und hält heute noch an. Die linksradikalen Thesen kann und will ich nicht unkommentiert stehen lassen. Da gibt es regelmäßig Ärger zwischen uns.

KIND 2 Ich bin aus der Kirche ausgetreten. Als ich es meinen Eltern sagte waren die richtig geschockt. Jetzt werde ich andauernd gefragt, wieso ich denn nicht mehr glaube. Es nervt mich total, dauernd missioniert zu werden.

ELTERN 2 Der christliche Glaube ist uns sehr wichtig. Wir haben die ganze Erziehung und unser Familienleben darauf ausgerichtet. Wir verstehen überhaupt nicht, wieso unser Kind sich von uns und der Kirche abgewandt hat.

KIND 3 Als ich meiner Mutter offenbarte, dass ich eine Frau liebe – also lesbisch bin – ist für sie eine Welt zusammengebrochen. Ich bin Einzelkind und sie will unbedingt Oma werden.

MUTTER 3 Meine Tochter ist lesbisch. Puh, das war und ist für mich nur schwer zu verkraften. Ich finde das nicht richtig und bin enttäuscht. Das kann ich gar nicht in Worte fassen. Ich glaube sie spürt das und meldet sich daher kaum noch bei mir.

Wertekonflikte können das Familienleben aus der Bahn werfen. Gerade wenn es um tiefe Überzeugungen, Glauben oder die eigene Sexualität geht. Es ist schwierig. Hätte man die Wahl, dann würde man sich gar nicht kennen oder sich miteinander beschäftigen. Zu unterschiedlich sind die Ansichten, Einstellungen und Lebensweisen. Doch die Eltern-Kind-Verbindung lässt sich nicht trennen. Und so geben Wertekonflikte Auskunft über gelebte oder nicht vorhandene Akzeptanz und Toleranz innerhalb der Familie.

Mit Unterschieden leben

Eltern bestimmen durch ihre Art, eine Familie zu leben, maßgeblich das Wertegerüst der Kinder. Ab der Pubertät wird dies von den Kindern auf den Prüfstand gestellt. Einige Kinder können und wollen nahtlos an die elterliche Tradition anknüpfen. Klassiker sind:

- „Wir haben schon immer CDU oder SPD gewählt."
- „Der Kirchgang und das Tischgebet gehören einfach dazu."
- „Mann und Frau gründen eine Familie und bekommen Kinder."

Andere Kinder gehen bewusst auf Abstand zu den elterlichen Werten:

- „Wie kann man nur diese alten Volksparteien ohne Zukunftskonzept für junge Menschen wählen?"
- „Schon mal überlegt, wieviel Leid die Kirche Menschen angetan hat?"
- „Es gibt so viele Möglichkeiten Sexualität und Familienformen zu leben. Wo steht geschrieben, was richtig oder falsch ist?"

Das ist eine ganz gesunde und natürliche Entwicklung. **Es macht aus dem Kind, welches seinen Eltern folgte, einen jungen Erwachsenen, der seine eigene Weltsicht entwickelt – in Anlehnung und Abgrenzung zu dem, was er im Elternhaus erlebt hat.**

Ob daraus ein spannender intellektueller Diskurs über das politische Tagesgeschehen oder Glaubensfragen entsteht, hängt davon ab, wie Sie mit unterschiedlichen Werten innerhalb der Familie umgehen.

Wollen Sie Ihr Kind unbedingt überzeugen oder will Ihr Kind Sie bedingungslos auf seine Seite ziehen, dann haben Sie einen Machtkampf innerhalb der Familie. Angriff und Verteidigung, Gegenangriff und Abwehr sind in diesem Falle die Mechanismen der Eltern-Kind-Kommunikation. Das bringt niemandem Spaß und hinterlässt in der Regel gefrustete Gesprächsteilnehmer. Kontaktmeidung kann da ein guter kindlicher Selbstschutz sein.

Alternativ können Sie sich die jeweiligen Meinungen als neue Perspektiven zu Ihrem Weltbild anhören und bewerten. Sie können auf den Überzeugungskampf verzichten und es aushalten, dass es zu einem Thema sehr unterschiedliche Auffassungen, Urteile und Gesinnungen gibt. Sie können die Vielfalt der Welt begrüßen:

- „Interessant, so habe ich das Thema Klimawandel noch nie betrachtet."
- „Deine Aussagen zum Zölibat finde ich befremdlich. Sie widersprechen total meiner Auffassung. Aber lassen wir das einmal so stehen."
- „Okay, Regenbogenfamilien sind mir neu. Erzähl mir mal mehr darüber."

Das Anerkennen der Unterschiede beruhigt sehr oft die Diskussion. Mit der Anerkennung wird Ihr Kind von Ihnen gesehen und gehört. Es darf so sein, wie es ist. Auf der Basis lässt sich gut Kontakt halten zu den Eltern.

Themen bewusst ausgrenzen

Es ist absolut legitim, Themenfelder innerhalb der Eltern-Kind-Kommunikation auszugrenzen. Das ist eine vernünftige Taktik, um den Kontakt zueinander nicht zu belasten. **Es geht hierbei jedoch nicht um das Verschweigen von Tatsachen, sondern um die gemeinsame Abmachung, Themenbereich zu meiden.**

Schaffen Sie es, sich in die Augen zu schauen und zu fragen:

- „Deine politische Meinung regt mich auf. Ich will mit dir nicht über Politik sprechen. Kannst du mir den Gefallen tun, das zu respektieren?“
- „Mir ist der Glaube an Jesus sehr wichtig. Bitte behalte deine Meinung für dich, denn ich spüre, dass ich innerlich koche und dich überzeugen möchte. Machst du das für mich?“
- „Du liebst als mein Sohn einen Mann. Das ist für mich schwer verdaulich. Das tut mir leid. Bitte gebe mir Zeit, mich daran zu gewöhnen – okay?“

Ihr Kind hat dann die Chance, Ihren Wunsch zu erfüllen. **Entscheidend ist Ihre Haltung: Sie grenzen sich von einem Thema ab, jedoch nicht von Ihrem Kind!** Daher ist das vorangehende Anerkennen der Unterschiede mit samt der Selbstoffenbarung wichtig. Sie sagen: „Hier denke oder fühle ich anders als du“ (Anerkennung) und zusätzlich: „Die Diskussion kostet mich Kraft oder verärgert mich sehr“ (Selbstoffenbarung). Somit bleibt Ihr Kind okay – die Basis für jede gesunde Eltern-Kind-Beziehung.

WERTEKONFLIKTE AUSHALTEN

Wertekonflikte gehen ans Eingemachte. Sie lassen sich kaum mit vernünftigen Argumenten lösen, da die Werte tief verwurzelt sind. Sie ähneln Glaubensfragen.

Wer sein Gegenüber überzeugen will, verliert viel Energie im Gespräch und erntet Frust über das Nicht-Gelingen. Kontaktabbrüche sind dann manchmal eine Art Notwehr – keiner möchte ungefragt in seinen Werten umgepolt werden.

Wertekonflikte innerhalb der Familie sind daher immer eine persönliche Übung in Akzeptanz und Toleranz. Zu den Übungsschritten gehören:

1. Das Anerkennen der Unterschiede (Es ist, wie es ist.)
2. Die Selbstoffenbarung (Was macht es mit mir?)
3. Die Akzeptanz (Kann ich es so stehen lassen? Wenn nein, was fehlt mir, um tolerieren zu können?)

SPANNUNGEN IM ELTERN-KIND-KONTAKT

Höhen und Tiefen innerhalb einer Beziehung sind ein alltägliches Phänomen. Bei Eltern und Kindern kommt die lebenslängliche Verbundenheit dazu – quasi eine Schicksalsgemeinschaft in guten wie in schlechten Zeiten. Wie Sie Nähe herstellen und halten können, ohne Ihrem erwachsenen Kind auf die Pelle zu rücken.

Wie sieht ein normaler und gesunder Kontakt zueinander aus? Gibt es überhaupt eine Norm? Ja und Nein! Es gibt die gesellschaftlichen und tradierten Vorstellungen, wie eine Eltern-Kind-Beziehung abzulaufen habe. In der Familientradition wurde eventuell erwartet, dass das Kind sich regelmäßig meldet, dass Weihnachten immer im Elternhaus gefeiert wird und dass generell die Kinder die Eltern besuchen und nicht umgekehrt.

Es gibt zugleich Kinder, die beklagen, dass ihre Eltern sich kaum für sie interessieren.

WIEBKE (39) ERZÄHLT:

„In den 20 Jahren, die ich nicht mehr bei meinen Eltern lebe, haben diese mich genau zwei Mal besucht. Ansonsten wird erwartet, dass ich mich melde und nach Hause komme. Das macht mich traurig. Ich habe das Gefühl, die interessieren sich überhaupt nicht für meine Art zu leben. Gesehen werde ich, wenn ich mich anpasse an deren Welt. Doch das, was sie dann sehen, bin ich fast gar nicht mehr."

Neben der Norm und Tradition gibt es das individuelle Empfinden von Ihnen und Ihrem Kind:

- Geht es Ihnen gut mit dem Kontakt oder fehlt Ihnen etwas?
- Wie ist die Stimmung bei Besuchen, Telefonaten oder Social-Media-Kontakten?

Die Klärung der eigenen Stimmung und Gefühlswelt gibt Ihnen einen guten Hinweis, wo Sie stehen.

Sind Söhne anders als Töchter?

KIND **Meine Mutter ruft ständig an, gibt ungefragte Ratschläge und mischt sich in meine Ehe ein. Das ist echt anstrengend für mich als Tochter. Meinen Bruder lässt sie in Ruhe. Aber der hat ihr auch klipp und klar gesagt, dass sie sich aus seinem Leben raushalten soll. Das bringe ich nicht übers Herz – noch nicht.**
MUTTER **Sie ist doch meine Tochter. Da ist es doch ganz natürlich, dass ich sie unterstütze. Wir Frauen müssen zusammenhalten. Meine Mutter hat das auch für mich getan.**

Es gibt die Muttersöhne und Vatertöchter. Es gibt die Muttertöchter und Vatersöhne. Es gibt Söhne und Töchter, die beiden Elternteilen nahestehen. Es gibt Söhne und Töchter, die von beiden Elternteilen Distanz brauchen. Fazit: Alles ist möglich!

Die Journalistin Tina Soliman sieht in ihrem Sachbuch *Der Sturm vor der Stille* (siehe Buchtipp auf Seite 196) eine Tendenz. **Sie schreibt, dass in ihren Gesprächen sehr häufig eine ungelöste Mutter-Tochter-Konstellation als Auslöser für den Kontaktabbruch genannt wurde.** Söhne hingegen gelänge es laut der Recherche von Tina Soliman wohl früher, sich aus der Umklammerung einer kontrollierenden Mutter zu entwinden. Daher ziehen Söhne die Notbremse des Kontaktabbruches weniger. Bitte beachten Sie, dass dies keine empirische Aussage ist, sondern Ergebnis der Gespräche mit kontaktabbrechenden Kindern.

Sprechen Söhne anders als Töchter? Lässt sich das überhaupt verallgemeinern? Das Benutzen von Stereotypen birgt immer die Gefahr, die Besonderheit beim Einzelnen zu übersehen. Unabhängig vom Geschlecht ist es für Sie nützlich, Ihren Kommunikationsstil mit dem Ihres Kindes abzugleichen.

Männliche (Sohn) und weibliche (Tochter) Kommunikation?

Menschen haben unterschiedliche Kommunikationsvorlieben. Einige bevorzugen die sachliche und knappe Aussprache – wird gerne als „männlicher Stil" tituliert – andere legen mehr Wert auf den zugewandten und offenen Austausch – wird gerne als „weiblicher Stil" tituliert. Welchen Stil Ihre Tochter oder Ihr Sohn bevorzugen, erfahren Sie durch gutes Zuhören.

Der „männliche Stil" zeichnet sich häufig aus durch:

- kurz und knapp
- klare Gesprächsstruktur
- Ziel: Informationen austauschen

FERIEN MIT ENKELKINDERN – ANFRAGE VON DEM SOHN

Sohn: „Hallo Mama, ich wollte mal gerne die Ferien mit dir abklären."
Mutter: „Schön, dass du anrufst."
Sohn: „Ja, also klappt das mit den zwei Wochen im Sommer?"
Mutter: „Klar, wir freuen uns. Sag mal, wie geht es euch denn?"
Sohn: „Alles gut. Also ich trage das dann fix in den Kalender ein."
Mutter: „Erzähl doch mal. Wie geht es den Kleinen?"
Sohn: „Gut, sag ich doch. Du, ich muss auflegen, wir wollen gleich los auf den Spielplatz."

Der „weibliche Stil“ legt meist andere Schwerpunkte:

- wertschätzend und offen
- Meinung und Gefühle sind wichtig
- Ziel: Beziehung stärken

FERIEN MIT ENKELKINDERN – ANFRAGE VON DER TOCHTER 

Tochter: „Hallo Mama, wie geht es dir?“
Mutter: „Schön, dass du anrufst. Mir geht es gut; außer die Hitze, die macht mir zu schaffen.“
Tochter: „Ja, es ist ungewöhnlich warm zu dieser Jahreszeit. Sag mal, klappt das mit den zwei Wochen im Sommer oder wollt ihr lieber im Herbst die Kids zu Besuch haben?“
Mutter: „Nein, nein, der Sommer ist für uns super. Für dich auch? Im Herbst würde es sonst auch gehen.“
Tochter: „Nein, der Sommer wäre toll. Henrik und ich wollen endlich mal wieder nur zu zweit ein paar Tage segeln gehen. Ich dachte halt nur wegen der Hitze für euch. Es soll ja noch wärmer werden.“
Mutter: „Ach, das wird schon. Wir haben ja viel Schatten im Garten. Du, dein Vater hat schon extra ein Planschbecken aus dem Baumarkt geholt. Die gab es im Sonderangebot.“
Tochter: „Ach, das ist aber schön. Du, ich muss jetzt auflegen, wir wollen auf den Spielplatz und Henrik schaut schon genervt. Wir telefonieren später wieder, okay?“

Verstehen lernen – egal ob Sohn oder Tochter

Die obigen Beispiele sind extrem übertrieben, um Ihnen die Unterschiede deutlich vor Augen zu führen. In der Realität gibt es fast immer einen Mix aus allen Stilelementen. Natürlich gibt es auch Söhne, die sich eher beziehungsorientiert, und Töchter, die sich eher informationsorientiert unterhalten. Jedes Kind und jedes Elternteil ist ein Unikat. Prüfen Sie daher zuerst, was Ihre Kommunikationsvorliebe ist und schauen Sie, ob Sie kompatibel mit Ihrer Tochter oder Ihrem Sohn sind.

Die meisten Missverständnisse entstehen daraus, dass sprichwörtlich an den Bedürfnissen (Beziehung oder Information) vorbeigeredet wird. Dann legen Sie den Telefonhörer aus der Hand mit dem Gefühl, abgebügelt worden zu sein, und Ihr Kind mit dem Gefühl, vollgequatscht worden zu sein. Für Sie und Ihr Kind der perfekte Nährboden für Frust und Unlust am gemeinsamen Kontakt.

Als ersten Schritt ist es wichtig, dass Sie sich selbst outen. Welche Kommunikation bevorzugen Sie, die sach- oder beziehungsorientierte? Das ist der Startpunkt für ein Gespräch. Jetzt wissen Sie, wie Sie senden und empfangen.

Wenn zwei gleiche Kommunikationstypen ins Gespräch kommen, dann läuft alles sehr einfach ab. Vater und Sohn können sehr knapp Worte wechseln und sich trotzdem verstanden und wohl fühlen. Mutter und Tochter können stundenlang telefonieren, ohne das Gefühl zu haben, es würde sie langweilen oder nerven. Weitere Zuhörer, die kommunikationstechnisch anders gestrickt sind, rollen mit den Augen, nach dem Motto: „Mehr habt ihr euch nicht zu sagen?" oder: „Ich dachte schon, ihr hört gar nicht mehr auf, miteinander zu reden."

Schwierig wird es, wenn unterschiedliche Kommunikationstypen aufeinandertreffen. Wenn Sie zum Beispiel als Mutter oder Vater beziehungsorientiert ein Gespräch suchen und Ihr Sohn oder Ihre Tochter jedoch sachbezogen kommuniziert. Das ist keine böse Absicht, sondern einfach eine andere Präferenz – wo immer die auch herkommen mag.

Ist dies der Fall, lohnt es sich auf sein Gegenüber einzugehen. Denn die Kontakte werden dann verringert oder abgebrochen, wenn das Eltern-Kind-Gespräch aus Sicht des Kindes einfach nur anstrengend, energieraubend und nervend ist.

WORAUF SIE BEI UNGLEICHEN TYPEN ACHTEN KÖNNEN

Sie sind eher beziehungsorientiert in der Kommunikation und Ihr Kind nicht? Dann achten Sie auf folgende Tipps:

- **Verwenden Sie kurze und klare Sätze.** Wenn Sie eine wichtige Botschaft haben, formulieren Sie diese für sich im Vorfeld aus, damit Sie einen guten verständlichen Wortlaut haben.
- **Werden Sie konkret.** Sach-Menschen lieben Zahlen, Daten und Fakten. Also: „vom 14. bis zum 20. Juni" anstatt: „irgendwann im Sommer" bei der Ferienplanung nutzen.
- **Bieten Sie eine Gesprächsstruktur.** Bleiben Sie bei einem roten Faden im Gespräch. Vermeiden Sie spontane Gedanken- und Themenwechsel. Das verwirrt den Sach-Zuhörer und kostet ihn Kraft, zu folgen.
- **Kritik und Empfehlungen wohl dosieren.** Vermeiden Sie offene Konfrontation, da dies oft als Angriff gewertet wird. Sobald der Modus Angriff-Verteidigung installiert ist, ist das herzliche und offene Gespräch tot. Verbinden Sie Kritik mit einem Lob: „Schön, dass du dich meldest und mir erzählst, wie es dir geht. Kannst du dir vorstellen, das häufiger zu tun?"

Sie sind eher sachorientiert in der Kommunikation und Ihr Kind nicht? Dann achten Sie auf folgende Tipps:

- **Schrauben Sie Ihre Erwartungen runter.** Versuchen Sie nicht, Ihre Meinung durchzuboxen, sondern stellen Sie Ihre Argumente als Grundlage für einen Dialog in den Raum – nicht als vorweggenommenes Ergebnis.
- **Vermeiden Sie absolute Aussagen.** Also anstatt: „So ist das!" üben Sie Sätze wie: „Ich kann mir vorstellen, dass ... ".
- **Bitten Sie um die Meinung Ihrer Tochter oder Ihres Sohnes.** Mit gezielten Nachfragen locken Sie Ihr Kind aus der Reserve. Parallel hilft es ungemein, wenn Sie sich bremsen und Geduld aufbringen für die Antworten. Das hilft der Beziehungsebene im Gespräch.
- **Fragen Sie nach den Gefühlen.** „Wie geht es dir damit?" oder „Wie fühlt sich das an?" sind ein Gesprächsangebot, welches Beziehungsmenschen lieben.

Wer besucht wen?

KIND 1 **Meine Eltern erwarten ständig, dass ich sie besuche. Bei mir waren sie noch nie.**
ELTERN 1 **Wir reisen nicht gerne. Wo ist das Problem, wenn unser Junge zu uns nach Hause kommt?**
KIND 2 **Wenn meine Mutter kommt, dann nistet sie sich für eine Woche bei uns ein. Das ist für die Beziehung zu meinem Mann echt eine Belastungsprobe. Daher will ich gar nicht, dass sie so oft vorbeikommt.**
MUTTER 2 **Ich finde es klasse, dass meine Tochter in einer Großstadt lebt. Da kann ich Enkelkinder mit Kultur verbinden. Ich fahre gerne und oft für mehrere Tage zu ihr. In letzter Zeit reagiert sie allerdings immer gereizter, wenn ich mein Kommen ankündige.**

Ein Radio-Evergreen im Dezember ist *Driving home for Christmas* von Chris Rea. Einige bekommen beim Hören ein wohliges Heimatgefühl, andere denken mit Schrecken an die Familienzeit zurück. An Weihnachten potenzieren sich die Erwartungen an die Kinder. Gleichzeitig ist jedes Weihnachten für die Kinder immer wieder eine Gewissensfrage, ob sie den Wünschen der Eltern oder lieber ihren eigenen Bedürfnissen folgen wollen.

Unterjährig stellen sich bei Eltern und Kindern gleiche Fragen:

- Wer besucht eigentlich wen?
- Wie häufig und für wie lange plant man den Besuch?
- Was mache ich, wenn ich eigentlich gar nicht will?

Freude oder Pflicht?

Ihr Kind kann Sie mit Freude besuchen oder mit einer Portion Frust im Bauch, weil es eigentlich gar nicht will und sich verpflichtet fühlt. Ehrliche Frage an Sie: Wollen Sie einen Pflichtbesuch haben? Höchstwahrscheinlich nein.

Wie schaffen Sie es dann, dass Ihr Kind Sie mit Freude und von sich aus im Elternhaus besucht? **In dem Sie loslassen; Ihre Erwartungen runterschrauben.** Das tut weh und mag schmerzhaft sein. Gleichzeitig kann bei Ihrem Kind Freude nur dann entstehen, wenn es von sich aus vorbeikommen mag.

Denken Sie zurück, als Ihr Kind flügge wurde. Mit dem Auszug begann auch räumlich das eigene Leben – egal, ob Ihr Kind nebenan im gleichen Ort oder tausend Kilometer entfernt seine Zelte aufgeschlagen hat. Am Anfang kam es vielleicht häufiger vorbei, doch je länger Ihr Kind sein neues und eigenes Leben außerhalb vom Elternhaus etablierte, umso weniger sind die Besuche geworden. Das ist ein ganz normaler Prozess und damit kein Grund zur Sorge.

KEINEN PLATZ IM KOPF UND TERMINKALENDER FÜR DIE MUTTER

Klaus (19) konnte es kaum erwarten, endlich mit Freunden in eine gemeinsame WG zu ziehen. Seine Mutter ruft ihn – aus seiner Sicht leider – fast täglich an und fragt nach, wann er denn mal wieder am Wochenende vorbeikäme.

Am Anfang ist er ihr zur Liebe alle 14 Tage nach Hause gefahren. Jetzt ist sein Freundeskreis immer größer geworden und er liebt es, mit seinen Kumpels am Wochenende Party zu machen oder in die Berge zu gehen. Außerdem hat er eine neue Freundin, mit der er sich eine längere Beziehung vorstellen kann. Für seine Mutter ist aktuell kein Platz – weder in seinem Kopf noch in seinem Terminkalender.

So direkt mag er ihr das nicht sagen, denn er weiß aus Erfahrung, dass sie trotzdem insistieren wird, dass er öfter nach Hause kommen solle. Also wählt er einen für sich einfacheren Weg: Er geht seltener ans Telefon und fährt noch seltener – nur alle drei Monate – zu ihr, um sich klammheimlich dem Erwartungsdruck zu entziehen.

Das Beispiel von Klaus und seiner Mutter zeigt, wie verzwickt die Besuchsfrage sein kann. Mütterliche Erwartungen und kindlicher Freiheitsdrang prallen aufeinander. Die Kontaktminderung scheint für Klaus die Lösung zu sein, den Konflikt zu umgehen.

Damit Ihr Kind mit Freude zu Ihnen kommt, muss es dies von sich aus wollen. Das Wollen können Sie nicht erzwingen! Sie können herzliche Einladungen aussprechen und warten, wie Ihr Kind darauf reagiert. Je weniger es sich für Ihr Kind als Pflicht anfühlt, umso mehr Freude wird im Spiel sein. Oft wird es eine Mischung aus Pflichtgefühl und Wiedersehensfreude sein. Es gibt Punkte, die Sie beachten können, damit die Freude überwiegt.

Ihr Kind kommt nach Hause

Freuen Sie sich eigentlich, wenn Ihr Kind Sie besucht? Oder schlagen da zwei Seelen in Ihrer Brust? Einerseits das Mutter- oder Vatergefühl und anderseits ein Gefühl von Stress und Verunsicherung, da Ihr Kind sich verändert hat. Seien Sie hier bitte ehrlich zu sich selbst, denn Ihr Kind wird spüren, wie Sie sich fühlen und entsprechend reagieren.

Wenn Ihre Tochter oder Ihr Sohn spürt, dass Sie Schwierigkeiten mit dem Lebensstil oder -auffassung, der Partnerwahl oder sonstigen Aspekten in deren Leben haben, ist eine intuitive Reaktion der Angriff oder Rückzug.

Beim Angriff werden Sie zum Beispiel verbal aneinandergeraten, sich als Mutter oder Vater unwohl fühlen und hoffen, dass der Besuch schnell vorbei ist. Zurück bleibt eine tiefe Enttäuschung und Verbitterung über eine misslungene gemeinsame Zeit.

Beim Rückzug wird Ihr Kind Ihnen das Gefühl geben, dass alles okay sei. Es verleugnet sich selbst. Das fühlt sich nicht gut an und Sie können davon ausgehen, dass die freiwillige Besuchsfrequenz Ihres Kindes abnehmen wird. Das hinterlässt bei Eltern oft ein Fragezeichen.

Damit dies nicht passiert, empfiehlt es sich, das *1x1 guter Eltern-Kind-Beziehung* zu beherzigen (siehe Seite 22).

STREITPUNKT TÄTOWIERUNG

Ulrike hat sich während der Studienzeit mehrfach tätowieren lassen. Sie erinnert sich an den ersten Besuch mit Tattoo: „Mein Vater ist ausgeflippt, als er die Blume auf meinem Arm sah. Er hat mich angeschrien und geschimpft. Das kam für mich total überraschend und wie aus dem heiteren Himmel."

Für Ulrike sind die Tattoos ein wichtiger Ausdruck Ihres Lebens: „Was mein Vater als Blume erkannte ist ein Lotus. Für mich symbolisiert er meine tiefe Verbundenheit zu fernöstlichen Weisheiten. In der streng katholischen Welt meines Vaters kommt das nicht vor."

Sie spürt einen tiefen inneren Widerstreit zwischen dem Wunsch, ihre Eltern zu besuchen, und dem Wunsch, ihre Identität nicht zu verleugnen. „Ich besuche meine Eltern kaum noch. Ich habe keine Lust, mich wieder angreifen zu lassen, nur weil ich ganz anders lebe als mein Vater", sagt sie. Glücklich sei sie mit der Situation jedoch nicht.

Ulrike und ihr Vater kommen eigentlich nur mit einer Selbstoffenbarung aus dem Dilemma. Ihr Vater müsste ihr in einer ruhigen Stunde erklären, wieso Tattoos ihn so aufregen. Er würde ihr damit signalisieren: „Ich sehe dich" und: „Das fühle ich dabei".

Ulrike hätte dann die Chance, erwachsen darauf zu reagieren. Zum Beispiel in dem Sie etwas Langärmliges anzieht beim Besuch. Sie will ja ihre Eltern besuchen – aber ohne den Streit rund um die Tätowierungen. Kinder nehmen gerne Rücksicht auf Ihre Eltern in deren Welt. Anders sieht es aus, wenn Sie Ihr Kind besuchen.

Sie besuchen Ihr Kind in seiner Welt

Der elterliche Besuch in der Wohnung oder im Haus des Kindes kann ein Minenfeld sein. Sie bekommen ungefiltert und ungeschminkt die

Lebenswelt Ihres Kindes zu sehen. Wenn Sie jetzt nicht achtsam und tolerant sind, können Sie sehr viel Porzellan in der Eltern-Beziehung zerschlagen.

Sie können davon ausgehen, dass nicht nur Sie, sondern auch Ihr Kind eine innere Aufregung und Spannung hat. Es wird ganz genau registrieren, ob Sie die Augenbraue hochziehen beim Anblick der Küche oder Auswahl der Gardinen. **Damit der Besuch gelingt verinnerlichen Sie unbedingt eine Botschaft: Sie sind Gast!**

Als Gast genießen Sie die Gastfreundschaft. „Fühle dich wie zu Hause" ist leicht gesagt und doch stimmt es kaum. Denn es gibt immer eine Privatsphäre – wie geschlossene Schubladen oder das Schlafzimmer – die ich als Gast respektieren sollte. Gerade wenn Sie als Mutter oder Vater zu Besuch sind.

Und als Gast begegnen Sie Ihrem Gastgeber mit Respekt. Er – Ihr Kind – macht es auf seine Art und Weise. Eltern haben manchmal den Hang, die kindliche Umgebung kolonialisieren zu wollen. Das ist keine gute Idee. Es ist eine Art Übergriff auf das Hausrecht Ihres Kindes. Wenn Sie weiter mit Freude eingeladen werden wollen, sollten Sie den Drang unterdrücken, die Lebenswelt Ihres Kindes an die Ihrige anpassen zu wollen.

EINMAL UND NIE WIEDER

„Meine Mutter war einmal zu Besuch bei mir", erzählt Nele (25). „Nie wieder will ich das erleben. Sie hat alles kommentiert und teilweise sogar umgeräumt. Mein Freund stand mit offenem Mund neben mir. Als meine Mutter weg war, hat er mich vor die Wahl gestellt: Entweder meine Mutter bleibe fern oder er ist ab sofort immer weg, wenn sie käme. Ich habe mich für ihn entschieden. Meine Mutter habe ich nicht mehr eingeladen."

Freilich, Neles Beispiel mag extrem erscheinen, doch selten ist es nicht. Wenn weder das Elternhaus noch die Welt des Kindes sich für eine entspannte Begegnung eignen, dann gibt es eine gute Alternative: die Wahl eines neutralen Ortes.

Neutraler Ort als gute Alternative

Cafés, Restaurants oder auch Spaziergänge in der Natur sind wunderbare Orte, um sich mit seinem Kind zu treffen. Neutrale Orte haben mehrere Vorteile:

- Es gibt nicht die Rolle des Gastgebers und des Gastes.
- Triggerpunkte für persönliche Kommentare wie eine unaufgeräumte Küche entfallen.
- Angesichts der Öffentlichkeit begegnet man sich respektvoller.
- Der zeitliche Rahmen ist klar vorgegeben (Dauer des Kaffeetrinkens, des Essens oder des Spazierganges).
- Sie kommen und gehen gemeinsam zu und von dem Ort; keiner von Ihnen hat ein „Heimspiel".

Nutzen Sie hier gerne passende Besuchsvariationen. Zum Beispiel treffen Sie sich bei Ihnen oder Ihrem Kind und gehen gemeinsam zu einem außerhäuslichen Ort.

Mehrtägige Besuche

„Besuch ist wie Fisch, nach drei Tagen stinkt er." Benjamin Franklin (Schriftsteller und einer der Gründerväter der USA) wird dieser Vergleich von Besuch und Fisch zugeschrieben. Es steckt ein Funke Erfahrungswahrheit darin.

Wenn es Ihnen genauso geht, dann sollten Sie unbedingt mehrtägige Besuche im Vorfeld begrenzen. Zusätzlich hängt es sehr von den räumlichen Begebenheiten ab, wie entspannt Ihr Kind Sie bzw. Sie Ihr Kind besuchen. Ist zum Beispiel ein Gästezimmer und -bad vorhanden? Dann lässt es sich eher aushalten, als wenn jemand im Wohnzimmer auf der Couch nächtigen muss.

Zögern Sie nicht, wenn es Ihnen möglich ist, als Alternative in ein Hotel zu gehen. Gerade für den Fall, dass Sie Ihr Kind für mehrere Tage besuchen. Damit können Sie dem Besuch sehr viel an realer und potenzieller Spannung nehmen. Insbesondere für den Fall, dass Ihr Kind in einer Partnerschaft lebt. Rückzugsorte wie ein Hotel oder eine Pension erlauben es allen Beteiligten, Luft zu holen und abzuschalten. Die Freude des Wiedersehens am nächsten Tag ist oft unverkrampfter, wenn eine Pause möglich war.

SO GELINGEN UNBESCHWERTE BEGEGNUNGEN

Sich live zu sehen, ist für Eltern und Kinder eine Freude. Folgende fünf Tipps helfen für ein leichtes Gefühl bei Eltern-Kind-Besuchen:

1. Versuchen Sie keine Erwartungen an den Besuch Ihres Kindes zu stellen. Es sollte keine Pflichtveranstaltung sein.
2. Laden Sie Ihr Kind von Herzen ein; es darf absagen oder einen anderen Termin wählen.
3. Behandeln Sie Ihr Kind respektvoll wie einen lieben Gast. Es ist nicht selbstverständlich, dass es da ist.
4. Wenn Sie Ihr Kind besuchen, dann seien Sie respektvoll und zurückhaltend. Es hat Sie in seine Lebenswelt gelassen. Dies ist ein kostbares Geschenk an Sie.
5. Nutzen Sie die Möglichkeiten von neutralen Orten, wenn Sie merken, dass für Sie Besuche im häuslichen Umfeld zu anstrengend oder emotional zu aufgeladen sind.

Digitaler Kontakt – Fluch oder Segen?

KIND Seit meine Mutter Social Media nutzt, ist der Kontakt zu mir und den Enkelkindern viel einfacher. Was nervt ist nur die Erwartungshaltung, sofort auf eine Nachricht via Instant-Messaging antworten zu müssen. Da gab es schon einige Reiberein zwischen mir und meiner Mutter.
MUTTER Einfach Klasse! Ich bekomme täglich Bilder meiner Enkel auf das Handy geschickt. Kann mir gar nicht mehr vorstellen, wie das früher war. Was ich schade finde ist, dass meine Tochter mich manchmal wegdrückt und nicht auf meine Nachrichten antwortet.

Beherrschen Sie Ihr Smartphone oder hat es die Macht über Sie übernommen? Fast jeder kennt Momente, in denen das Smartphone – sein Klingeln, Summen, Tönen oder nur Blinken – unser Leben bestimmt. Plötzlich ist dieses Gerät wichtig. Ein Gespräch oder eine Tätigkeit wird unterbrochen, um kurz und schnell zu checken, welche Info gerade reingeflattert ist.

Und dann bitte sofort reagieren. Zumindest sind die Voreinstellungen innerhalb der Instant-Messaging-Apps darauf angelegt, dass der Absender sofort erfährt, wann der Empfänger die Bilder, Sprachnachricht oder den Text gesehen hat. Dann tickt die innere Uhr beim Absender. Wann kommt die Reaktion? Wieso nicht sofort? Jetzt sind schon 15 Minuten vergangen; was ist denn los?

Unrealistische Erwartungen

Damit Sie die Vorteile der Instant-Messaging-Apps genießen können, ohne es sich mit Ihren Kontaktpartnern zu verscherzen, sollten Sie Ihre Erwartungshaltung in der digitalen Kommunikation überprüfen.

Nur weil fast alles geht, heißt es noch lange nicht, dass Ihr Kind oder sonst wer alles mitmacht:

- „Du hast meine Message doch gelesen. Wieso meldest du dich nicht?“
- „Du bist doch online. Wieso drückst du mich weg, wenn ich dich anrufe?“
- „Ich habe dir ein schönes Bild gesendet. Wieso antwortest du nur mit Daumen hoch?“

Die Liste ließe sich mühelos weiterführen. Die Fragen sind teilweise berechtigt. Sie sind Ausdruck Ihrer Neugierde und Ihres Interesses an Ihrem Kind. Gleichzeitig transportieren die Fragen eventuell auch eine Erwartungshaltung. **Haben Sie in Ihrem Kopf eine Vorstellung, wann (gerne sofort) und wie (gerne ausführlich) geantwortet werden sollte?**

Wenn ja, dann gibt es einen einfachen Tipp: Verabschieden Sie sich von diesen Erwartungen oder schreiben Sie diese explizit in die Message mit rein. Dann weiß Ihr Kind, dass es für Sie dringend und wichtig ist. Somit vermeiden Sie Missverständnisse und ungute Gefühle. Diese lassen sich zudem kaum digital lösen.

Digital streiten? Lieber nicht!

Konflikte via SMS, E-Mail oder Instant-Messages auszutragen, geht fast zu einhundert Prozent in die Hose – zumindest, wenn Sie daran interessiert sind, eine Lösung zu finden.

Das Problem ist ganz einfach beschrieben: **Der unmittelbare Kontakt zu Ihrem Gegenüber fehlt.** Sie können weder sehen noch hören, wie auf Ihren Wunsch, Einwand oder Vorwurf reagiert wird. Die Textantwort entspricht womöglich nicht dem, was Sie sich gewünscht oder erwartet hätten. Darauf texten Sie zurück und das Ping-Pong-Spiel hat begonnen. Einziger Sieger auf dem Platz wird der Konflikt sein. Sie und Ihr Kind als Spieler werden beide verloren haben. Frust, Enttäuschung oder Wut bleiben als Nachhall übrig.

„WAS SOLL DAS DENN JETZT?"

Mutter: Hallo Mara, schau mal, was für schöne Blumen ich von Deinem Vater bekommen habe ☺ 13:42 ✓✓

Mutter: Hallo??? ☺ ☺ 13:46 ✓✓

Mutter: Mara, wieso meldest du dich nicht??? 14:10 ✓✓

Mara: Kann gerade nicht ... 14:20

Mutter: Wieso, was ist los? 14:21 ✓✓

Mutter: Mara, antworte mir! Ist was passiert???? 14:25 ✓✓

Mara: Nein 14:27

Mutter: Dann sag schnell, was los ist! 14:28 ✓✓

Mara: Ich war im Meeting und hatte Dir geschrieben, dass ich nicht kann!!! 16:00

Mutter: Nicht in dem Ton ... Du wirst mir ja wohl kurz was schicken können. Immerhin bin ich Deine Mutter. 16:05 ✓✓

Mara: HÄH, Was soll das denn jetzt? 16:10

In dem WhatsApp-Chat finden Sie alle Komponenten einer gescheiterten digitalen Kommunikation. Die Freude der Mutter über die Blumen führt zu der Erwartung, dass die Tochter sofort die Freude teilt. Das tut sie nicht; es kommt zu Fragezeichen und genervtem Warten bis am Ende der Chat eskaliert mit: „Immerhin bin ich deine Mutter“. Maras Mutter braucht sich nicht wundern, wenn ihre Tochter zukünftig den Lese- und Onlinestatus deaktiviert. Ein sehr kleiner, aber feiner Kontaktabbruch. In diesem Falle mit einer positiven Wirkung, denn die zukünftige Erwartungshaltung der Mutter wird weniger gefüttert und Mara selbst kann sich dem Stress der sofortigen Reaktion entziehen.

DIGITAL-KNIGGE: DAMIT ES LOCKER UND LEICHT BLEIBT

Social Media und Instant-Message-Apps können einen lockeren und leichten Eltern-Kind-Kontakt unterstützen. Damit es nicht in Frust und Stress umkippt, achten Sie auf drei einfache Regeln:

1. Einigen Sie sich gemeinsam, über welchen Kanal oder welche App Sie den Kontakt halten wollen.
2. Teilen Sie mit, welche Erwartungshaltung Sie bezüglich der Reaktionszeiten haben. Überprüfen Sie, ob diese realistisch sind.
3. Wenn Sie sich ungut oder missverstanden fühlen, greifen Sie zum Hörer und klären das Thema im realen Gespräch. Damit vermeiden Sie eine endlose Schleife an Fragezeichen und schlechten Gefühlen.

Die Rolle von Geld und Geschenken

KIND Mein Vater überweist mir immer noch 400 Euro im Monat, obwohl ich mein eigenes Geld verdiene. Ich brauche es nicht, nehme es jedoch gerne an. Ich glaube, es ist seine Art, mit mir in Kontakt zu sein.
VATER Wieso ich meinen Sohn weiterhin finanziell unterstütze? Ich kann es ehrlicherweise nicht sagen. Auf der einen Seite kommt es von Herzen, auf der anderen Seite habe ich das Gefühl, ihn so weiterhin an mich zu binden – Quatsch, oder?

Der Volksmund gibt zwei vermeintliche Weisheiten bekannt: „Beim Geld hört die Freundschaft auf“ und „Wer zahlt, sagt an“. Beide Sprüche drücken einen Aspekt aus, der Beziehungen sehr belasten kann. Sobald Geld sowie sonstige Geschenke benutzt werden, Macht auszuüben oder sich sprichwörtlich Kontakt zu erkaufen, wird es problematisch in der Eltern-Kind-Beziehung.

Geld: von Herzen oder als Machtmittel?

Zu geben, zu spenden und zu unterstützen, kann für Eltern und Kinder eine sehr bereichernde Geste sein. Voraussetzung: Es kommt wirklich von Herzen und ist nicht mit Erwartungen verknüpft.

HILFE NUR, WENN …

Sebastian (32) bekommt mit seiner Frau in zwei Monaten sein erstes Kind. Er will sich vorher noch ein neues Auto kaufen, in dem der Kinderwagen Platz findet. Außerdem bietet seine alte Karre kaum moderne Sicherheit mit Airbags und Co.

Er hat sich einen gebrauchten Familienkombi für 15.000 Euro im Internet ausgeguckt. Leider fehlen ihm dafür 5.000 Euro. Mit seiner Bank möchte er nicht noch einmal reden, denn er hat schon einen Kredit für die Wohnungseinrichtung aufgenommen. Er weiß, dass sein Vater sich sehr freut, Opa zu werden, und spricht ihn auf den fehlenden Betrag an: „Kannst du mir 5.000 Euro leihen? Ich zahle es in Raten zurück. Schau mal, diesen Kombi möchte ich kaufen. Das ist ein echtes Schnäppchen: aus erster Hand, Scheckheft gepflegt und mit geringer Laufleistung."

Sein Vater antwortet: „Grundsätzlich ja, aber nicht für dieses Auto. Erstens will ich, dass du bei einem Händler kaufst, da hast du eine Gebrauchtwagengarantie und zweitens nur VW. Wir sind immer VW gefahren in der Familie. Etwas anderes unterstütze ich nicht."

Sebastians Einwände, dass der gewählte Wagen laut ADAC eine sehr gute Pannenstatistik besitzt, einen sparsamen Hybridmotor nutzt und er sich mit seiner Frau dafür entschieden habe, lässt sein

Vater nicht gelten. „Nein, entweder VW oder gar nicht", lautet die Antwort.

Sebastian fühlt sich erpresst. Erinnerungen an seine Kindheit werden wach. Sein Vater verknüpfte Geld immer an Bedingungen – egal ob beim Taschengeld oder Unterhalt während der Ausbildung. Er ärgert sich, dass er wider besseren Wissens nachgefragt hat. „Diesmal nicht", denkt er sich und teilt seinem Vater mit: „Nein, vergiss meine Frage. Ich finde einen anderen Weg."

Sein Vater ist irritiert. „Aber ich will Dir doch gerne helfen", versucht er noch, die Stimmung zu retten. „Aber nur unter deinen Bedingungen. Darauf habe ich überhaupt keine Lust mehr! Vergiss es einfach!", stößt Sebastian verärgert aus.

In diesem Beispiel wird Geld als Machtmittel eingesetzt. Sebastians Vater schafft es nicht, seinen Sohn als erwachsenen Mann ernst zu nehmen – einen baldigen Familienvater, der gemeinsam mit seiner Frau eine Wahl getroffen hat.

Sebastian schützt seine Selbstwürde, indem er die finanzielle Hilfe ablehnt. Die Enttäuschung und Verärgerung über seinen Vater ist nachvollziehbar. Genauso eventuell die Haltung seines Vaters, der – würde man ihn befragen – nur das Beste für seinen Sohn möchte. Das Dilemma ist nur, dass es seine Sicht ist. Sebastian empfindet etwas ganz anderes für sich als das Beste.

Diese Haltung hat einen gefährlichen potenziellen Bumerang-Effekt. Falls Sebastians Vater irgendwann einmal finanziell abhängig von seinem Sohn sein sollte, zum Beispiel in der Alterspflege, könnte Sebastian dies unbewusst nutzen, der familiären Tradition à la: „Wer zahlt, sagt an" zu folgen und seinen Vater zu bevormunden. Er hat es ja nicht anderes vorgelebt bekommen.

Keine Angst, so muss es nicht kommen. Doch die Art und Weise wie Sie Geld leihen oder verschenken, beeinflusst ihr zukünftiges Verhältnis zu Ihrem Kind oder Ihren Kindern.

Gerade unter Geschwistern kann es zu heftigen Streitigkeiten kommen, wenn Sie Ihre Kinder im Erwachsenenalter unterschiedlich fördern. Das Kind, welches sich benachteiligt fühlt, wird seine Enttäuschung in Reduzierung des Kontaktes zu Ihnen ausdrücken.

Geschenke: kleine Aufmerksamkeiten?

Die Kunst des Schenkens will gelernt sein. Wird mit dem Geschenk ein Wunsch erfüllt – wie früher der Wunschzettel für den Weihnachtsmann – oder versuchen Sie sich als Mutter oder Vater mit einem Geschenk in Erinnerung zu bringen – wie zum Beispiel durch ein Erbstück, welches Sie weitergeben, wohlwissend, dass Ihr Kind es nicht mag oder möchte.

Beim Schenken sollten Sie sich fragen:

- Ist das Geschenk etwas, was Ihr Kind sich explizit wünscht?
- Ist das Geschenk etwas, was Sie mögen?

Beides ist legitim, doch die Reaktionen Ihres Kindes werden variieren. Im ersten Fall wird sich Ihr Kind freuen und eventuell zeitgleich vermissen, dass Sie sich keine originären Gedanken gemacht haben.

Im zweiten Fall werden Sie vielleicht mit der enttäuschten Verwunderung Ihres Kindes leben müssen, wie Sie denn auf die Idee gekommen sind, das zu schenken.

Sie merken, wie Sie es auch drehen und wenden, es gibt keine Glücksgarantie für das gelungene Geschenk. Deshalb funktionieren Geschenke vorzüglich, wenn der Kontakt zu und die Beziehung mit Ihrem Kind für beide Seiten gut verläuft. Dann sind Überraschungen und Enttäuschungen für beide Seiten leicht verkraftbar.

Wenn Sie wieder in Kontakt kommen wollen, empfiehlt sich folgendes kostenloses Geschenk – wörtlich oder schriftlich:

„Liebe/r (Name), ich wünsche mir mehr und ehrlicheren Kontakt zu Dir. Ich habe nachgedacht und meine Verantwortung für die bestehende Situation erkannt. Ich möchte Dir sagen, dass ich Dich liebe und stolz auf Dich bin, wie Du Dein Leben meisterst. Dein/e (Name)“

Hinter diesem Text, den Sie gerne persönlich anpassen sollten, steht eine Grundphilosophie:

Ich sehe Dich, liebe Dich und schätze Dich wert, so wie Du bist!

Das ist das schönste Geschenk, welches Eltern Ihren Kindern machen können. Es kostet keinen Euro, aber sehr viel Selbsterkenntnis und manchmal Überwindung von Erwartungen, um es ehrlich ausdrücken zu können. Und auch wenn Sie keine sofortige Hurra-Rückmeldung bekommen werden – was sehr wahrscheinlich ist –, können Sie davon ausgehen, dass diese Worte Ihrem Kind im Gedächtnis und im Herzen bleiben werden. Sie verschenken sie als Rückenwind für das Leben Ihres Kindes.

SPANNUNGEN RUND UM GELD UND GESCHENKE VERRINGERN

Geschenke und finanzielle Hilfen sind für alle wunderbar, wenn sie aus dem Herzen und ohne Bedingungen oder Erwartungen kommen. Tipps, die Ihnen helfen:

- Seien Sie transparent – gerade, wenn Sie mehrere Kinder haben. Wer bekommt was, wann und wie?
- Beim Verleihen von Geld machen Sie einen schriftlichen Vertrag. Bei kleinen Beträgen reicht eine E-Mail-Notiz mit gegenseitigem Okay; bei größeren Beträgen einfach ausdrucken und unterschreiben. Diese Klarheit hilft, wenn es einmal zu Unstimmigkeiten kommen sollte.
- Hinterfragen Sie sich ehrlich, ob Sie mit Geld und Geschenken Kontakt halten wollen zu Ihrem Kind. Wenn nicht, dann überlegen Sie sich, wie der Kontakt anders aussehen könnte.
- Beginnen Sie mit einer Selbstoffenbarung: „Bisher habe ich über Geld und Geschenke versucht, mit dir in Kontakt zu sein. Das will ich nicht mehr. Hilfst du mir, einen neuen Weg zu finden?" Allein dieser Satz wird herstellen, was Sie sich wünschen: Kontakt!

Eltern als Freunde oder mehr?

KIND Meine Mutter sagt, ich sei ihre beste Freundin – schon immer gewesen. Dabei will ich das gar nicht sein. Wieso hat sie keine beste Freundin in ihrem Alter?

MUTTER Meiner Tochter kann ich alles erzählen – das ist es doch, was eine beste Freundin ausmacht, oder?

Eine Eltern-Kind-Beziehung ist keine Freundschaft oder Partnerschaft. Deshalb gelten hier spezielle Regeln. **Im Gegensatz zu anderen Beziehungen gibt es bei Eltern und Kindern eine beidseitige bedingungslose Verbundenheit.** Sie werden immer – egal was passiert – die Mutter oder der Vater Ihres Kindes sein. Und ihr Kind wird immer Ihr Kind bleiben. Das ist bei Partnern und Freunden nicht der Fall. Sie können sich trennen – einvernehmlich oder im Streit.

Eltern-Kind-Verbundenheit ist existenzieller

Kinder können sich von Eltern trennen, zum Beispiel durch einen radikalen Kontaktabbruch. Das ist eine gesunde Aktion, wenn der Kontakt zu den Eltern die körperliche und seelische Gesundheit gefährdet. Und doch fließt das elterliche Blut in den Adern des Kindes. Es bleibt eine Verbundenheit da – ein Leben lang und über den Tod hinaus.

Diese Verbundenheit kann erleichternd und belastend sein. Es ist schön für Ihr Kind zu wissen, dass Sie stets da sind, dass Ihre Haustür und Ihr Herz immer offen sind. So etwas gibt Sicherheit und Geborgenheit. Eine wohlfühlende Gewissheit, nicht alleine als Kind dastehen zu müssen, wenn eine Lebenskrise, wie Trennung oder Krankheiten, bewältigt werden muss. Eltern können für ihre Kinder ein lebenslanger beständiger Rückhalt sein. Soweit die Sonnenseite der Eltern-Kind-Verbundenheit.

Auf der Schattenseite können Eltern ein lebenslanger Gegenwind für das Kind sein. Elterliche Erwartungen und Bedürfnisse werden dem

ALLTAG MEISTERN OHNE SEIN KIND

Geburtstage und Weihnachten sind jährliche Anlässe, die Ihnen den verminderten oder fehlenden Kontakt zu Ihrem Kind sehr bewusst machen. Doch auch im Alltag gibt es immer wieder Situationen, die Trauer, Scham und Wut auslösen.

Die gefühlte Nicht-Beachtung durch Ihr Kind verletzt und kränkt Sie? Sie kennen das Gefühl von Schmerz und quälenden Grübeleien darüber, ob Sie etwas falsch gemacht haben könnten? Was sagt man der Großfamilie oder Freunden, die einen ganz lockeren und herzlichen Kontakt zu ihren jeweiligen Kindern pflegen?

Fragen über Fragen, auf die Sie in diesem Kapitel Antworten in Form von Impulsen und Tipps finden werden. Der Start- oder Ausgangspunkt ist das Gefühl des Schmerzes an sich. Wie können Sie es schaffen, vom Selbstmitleid in ein Selbstmitgefühl zu kommen? Damit legen Sie die Basis für einen konstruktiven Umgang mit sich selbst und der Situation.

Sie können Ihr Kind und dessen Kontaktverhalten nicht ändern. Doch Ihr Umgang damit kann und wird eine Einladung an Ihr Kind sein, Sie als Mutter und Vater neu und verändert wahrzunehmen. Das ist ein möglicher Türöffner für ein neues Eltern-Kind-Verhältnis.

Wenn die Gefühle kommen

KIND Ich melde mich kaum bei meinen Eltern. Es gibt auch nichts zu sagen. Wie es ihnen damit geht? Keine Ahnung.
ELTERN Wir fühlen uns aus dem Leben unseres Sohns komplett ausgeschlossen. Das schmerzt ganz schön.

Gefühle wollen gefühlt werden. Jedes Gefühl, welches Sie unterdrücken, kommt umso stärker zu einem späteren Zeitpunkt wieder zurück. Oder es manifestiert sich im Körper – die medizinische Disziplin ist hierfür die Psychosomatik.

Trauer gehört dazu

Wenn Ihre Beziehung zu Ihrem Kind für Sie unbefriedigend ist und Sie mehr wollen, als Sie bekommen, dann spielen Gefühle wie Frustration und Trauer eine Rolle. Jeder familiäre Konflikt wird hiervon begleitet. Der verallgemeinerte Konfliktablauf folgt vier Schritten:

1. **Auslöser:** Sie hören ein Nein von Ihrem Kind. Es will sich nicht öfter melden.
2. **Erstes Gefühl – die Wut:** Sie sind frustriert darüber. Das macht wütend. Wut ist ein gesundes Gefühl, denn es drückt die Frustration aus.
3. **Zweites Gefühl – die Trauer:** Mit der Erkenntnis, dass Sie die Situation nicht ändern können, kommt die Enttäuschung. Das schmerzt und macht traurig. Dieses Gefühl der Trauer hilft Ihnen, Abschied von Ihren Wünschen und Erwartungen zu nehmen. Sie hatten sich getäuscht.
4. **Akzeptanz und Integration:** Nachdem Sie die beiden Gefühlsphasen durchlaufen haben, können Sie klarer sehen und die Ist-Situation annehmen. Sie handeln jetzt wieder überlegt und reflektiert.

Erst ab dem vierten Schritt wird es Ihnen gelingen, ein offenes Gespräch mit Ihrem Kind über Ihre zukünftige Beziehung zu führen. Davor beeinflussen Ihre Gefühle die Kommunikation zu stark. Vergessen Sie bitte nie: Ihr Kind hat absolut feine Antennen für Sie und Ihr Befinden. Denn es kennt Sie sein Leben lang und hat als Baby, Kind und Teenager sich Ihren Gefühlswelten mehr oder weniger angepasst.

Nun ist Ihr Kind erwachsen und kann sich abgrenzen gegenüber Sätzen wie: „Wenn du dich nicht meldest, dann bin ich traurig. Willst du das?“ Als Kleinkind war das verdammt schwierig. Hören Sie mal zu, wie Eltern teilweise ihr Kind vom Spielplatz weglocken: „Wenn du nicht mitkommst, wird Mama traurig.“ Als Kleinkind steht man hier wehrlos vor der Mutter; überladen mit der Last, für den Gemütszustand der Mutter verantwortlich zu sein.

Ihre Gefühle gehören allein Ihnen. Sie entstehen in Ihnen, werden von Ihnen bewertet und Sie entscheiden, ob Sie dem Gefühl Macht geben oder es verpuffen lassen. Die Prinzipien der Achtsamkeit sind hier eine absolut hilfreiche Handreichung, den Umgang mit der eigenen Gefühlswelt zu schulen und zu ändern.

Chancen der Achtsamkeit

Der achtsame Umgang mit sich selbst und den Mitmenschen ist eine Übungssache. Immer wieder in das Hier und Jetzt zurückzukehren und zu beobachten:

- Was fühle ich?
- Was denke ich?
- Was passiert gerade in meiner Umwelt?

Es geht um die Selbstwahrnehmung und -erkenntnis. Es gibt viele Achtsamkeitstraditionen und -methoden. Im Prinzip drehen sie sich alle um das Erkennen und Erfahren, dass Sie mehr sind, als Ihr aktuelles Gefühl oder Ihr aktueller Gedanke.

Sie können mit folgenden einfachen Selbstbeobachtungen beginnen, achtsamer zu werden:

- Wie atme ich?
- Wie ist meine Körperhaltung – locker oder verspannt?
- Was ist mein aktuell vorherrschendes Gefühl?
- Was sind meine aktuell vorherrschenden Gedanken?

Mit diesen simplen Beobachtungen verwirklichen Sie einen Start für mehr Achtsamkeit im Alltag. Sie lernen, Ihr Gefühl zu fühlen – dafür ist es ja da –, ohne sich vom Gefühl beherrschen zu lassen oder dagegen anzukämpfen.

DIE GESCHICHTE VOM WASSERBÜFFEL

!

In der Achtsamkeitspraxis werden viele Metaphern genutzt, um den positiven Effekt eines achtsamen Umgangs mit den eigenen Gefühlen zu demonstrieren. Eine davon dreht sich um einen Jungen und einen Wasserbüffel. Sie enthält vier kurze Episoden, um die Schritte der Verwandlung aufzuzeigen:

1. Ein Junge sieht die Spuren eines Wasserbüffels. (Er beobachtet ein Gefühlsmuster – Ihren Schmerz.)
2. Der Junge will den Wasserbüffel reiten und wird immer wieder abgeworfen. (Der Schmerz kann nicht bekämpft werden; er ist stärker als Sie.)
3. Der Junge beschließt, neben dem Wasserbüffel herzulaufen; mit der Zeit lernen sie sich kennen und lernen, sich zu vertrauen. (Akzeptieren Sie, dass Ihr Schmerz zu Ihnen dazugehört. Er geht nicht weg, sondern ist in bestimmten Momenten einfach da.)
4. Der Junge reitet den Wasserbüffel und wird kaum noch abgeworfen. (Der Schmerz ist weiter vorhanden, doch er bestimmt nicht mehr Ihre Handlungen. Sie können damit leben und sind nicht mehr überwältigt.)

Übung macht den Meister. Der achtsame Umgang mit sich selbst fällt nicht vom Himmel und lässt sich nicht mit einer Pille verschreiben.

Nutzen Sie die vielen Hilfsangebote in Buchform (eine Leseempfehlung zum Einstieg finden Sie unter Buchtipps auf Seite 196) oder in verschiedenen Kursen. Gerade Achtsamkeitskurse sind für Anfänger sehr zu empfehlen, denn sie unterstützen den Prozess und bieten die Gelegenheit für Nachfragen und Erfahrungsaustausch. Schauen Sie nach, ob es sogenannte MBSR-Kurse (MBSR steht für Mindfulness-Based Stress Reduction) in Ihrer Nähe gibt. Hier werden die Prinzipien der Achtsamkeit leicht verständlich vermittelt (siehe hierzu *Hilfreiche Internetadressen* auf Seite 197).

VIER SCHRITTE FÜR DEN UMGANG MIT DEM SCHMERZ

Wenn der Schmerz sich in Form von Trauer oder Wut zeigt, dann heißen Sie ihn willkommen. Es bedeutet, dass Ihr Gefühl da sein darf und zu Ihnen gehört. Um diesem Gefühl die Energie und Macht zu nehmen, sind vier Schritte aus der Achtsamkeitspraxis ein hilfreiches Mittel:

1. **Bemerken:** Durch eine achtsame Beobachtung und Haltung erkennen Sie, welches Gefühl vorhanden ist.
2. **Begrüßen:** Sagen Sie innerlich „Hallo, da bist du ja mein Schmerz."
3. **Bedanken:** Sprechen Sie weiter innerlich zu sich: „Ich nehme dich, meine Trauer, an, so wie du bist. Es ist gut, dass du da bist. Ich verdränge dich nicht und will dich nicht loswerden. Ich umarme dich. Du darfst sein und kannst dich beruhigen, denn ich liebe dich."
4. **Beheimaten:** Sie lassen Ihren Schmerzen los. Er darf sich wieder zurückziehen. Sie bleiben im Hier und Jetzt und verknüpfen Ihre aktuelle Handlung nicht mit dem Schmerz.

Diese Schritte brauchen viel Übung. Sie werden dabei auch scheitern. Seien Sie geduldig und lassen Sie sich davon nicht entmutigen.

Durchhalte-Tipp: Tragen Sie auf einer Skala von null bis zehn den Pegel des jeweiligen Schmerzgefühls ein. Mit der Zeit werden Sie feststellen, dass der Pegel sinkt. Es ist wie beim Lauftraining, bei dem Sie vielleicht nicht sofort, aber über die Zeit von Monaten die Erfolge ernten.

Wenn ein Partner keinen Kontakt hat

KIND **Mit meinem Vater wechsle ich kaum noch Worte. Wozu auch, wir hatten uns nie was zu sagen. Solange ich mich erinnern kann, hat er seine Arbeit immer mehr geliebt als uns Kinder. Mit meiner Mutter ist alles gut.**

VATER **Ich bereue, dass ich mich früher nur auf meine Karriere konzentriert habe. Da ist etwas kaputt gegangen zwischen den Kindern und mir. Nein, nicht kaputt gegangen, sondern leider nie etwas entstanden. Das ist etwas, was ich heute anders machen würde.**

Manchmal ist der Kontakt zwischen dem Kind und einem Elternteil zerrüttet. Das hat Auswirkungen auf die Beziehungsdynamik zwischen Ihnen als Eltern. Einer weiß mehr oder fühlt sich mehr geliebt vom Kind als der Andere.

Die Hintergründe sind vielseitig. Grundsätzlich orientieren sich auch erwachsene Kinder eher an der Bezugsperson, zu der sie während der Kindheit die größte Bindung aufbauen konnten. **Sie ernten also sprichwörtlich den Kontakt, den Sie als Eltern früher gesät haben.** Die Qualität hängt natürlich stark davon ab, was Ihr Kind mit Ihnen erleben durfte in den ersten Lebensjahren bis hin zum Teenager (siehe hierzu auch das Kapitel *Typische Ursachen für Entfremdung* auf Seite 59).

Physische oder psychische Abwesenheiten eines Elternteils während der Kindheit erschwert den Aufbau einer Beziehung zwischen Vater oder Mutter und Kind. Betroffene Eltern berichten häufig selbstkritisch, dass es aus beruflichen oder gesundheitlichen Gründen nicht anders ging oder sie sich bewusst so entschieden haben. Als Sonderfall gilt, wenn es eine Trennung der Eltern gab und gibt (siehe hierzu das Kapitel *Als Eltern getrennt* ab Seite 156).

Verständnis zeigen

Die beispielhafte Aussage vom Vater zu Beginn dieses Kapitels verdeutlicht die Reue, die sich entwickelt, wenn einem bewusst wird, was man verpasst hat – selbstverschuldet.

ERST DIE ARBEIT, DANN DER SOHN

Karl (60) liebt seinen Beruf. Als selbständiger Handwerker ist sein Betrieb wie eine zweite Familie für ihn. Aus Sicht seines Sohnes Stefan (30) ist die Zimmerei immer die erste Familie seines Vaters gewesen. Kunden, Projekte und Mitarbeiter hatten Priorität.

„Wir haben Urlaube abgebrochen, weil mein Vater auf eine Baustelle musste. Angeblich ging es nie ohne ihn", erinnert sich Stefan. „Zum Fußballtraining oder Schulfesten ist er auch nie mitgekommen. Wenn ich meinen Vater sehen wollte, musste ich zum Betrieb gehen. Mit Glück erwischte ich ihn da. Er war und ist ja auch viel unterwegs bei Kunden." Für Stefan waren seine zentralen Bezugspersonen seine Mutter und sein großer Bruder Christian (33).

Stefan verließ die Familie und seinen Heimatort direkt nach der Schulausbildung. „Seit ich 18 Jahre alt bin, habe ich kaum noch Kontakt zu meinem Vater. Warum auch? Er hat mir früher nie gezeigt, dass ich ihm wichtig bin. Heute ist es mir egal. Das Wesentliche erfahre ich von meiner Mutter oder meinem Bruder. Das reicht mir", resümiert Stefan seinen Familienkontakt.

Karl selbst vermisst den fehlenden Draht zu seinem zweiten Sohn. Wenn seine Frau ihm erzählt, an welchen Ecken der Welt Stefan gerade wieder als Co-Pilot unterwegs war, dann schmerzt es ihn, es nicht aus dem Mund seines Sohnes zu hören. Er ist nämlich richtig stolz auf die Karriere und den Wagemut von Stefan. Nur sagen konnte er es ihm bisher nicht.

„Dass ich Stefan nie richtig wahrgenommen habe, das bereue ich sehr", sagt Karl manchmal zu seiner Frau. „Tja, dir war und ist dein Betrieb aber auch immer wichtiger als alles andere", lautet die Antwort. Nicht selten artet das weitere Gespräch zwischen Karl und seiner Frau in einen Ehestreit aus.

Kontakt-Ungleichgewicht zum Kind kann Ihre Ehe oder Partnerschaft belasten. Wenn Sie das verhindern wollen, sollten Sie sich in Verständnis füreinander üben. Die Vergangenheit können Sie nicht ändern. Karl liebt sein Handwerk und seinen Betrieb. Sein Sohn Stefan hat dafür einen Preis gezahlt – er hatte einen abwesenden Vater. Heute zahlt Karl einen Preis – er hat einen abwesenden Sohn.

Eine zentrale Rolle kommt Karls Frau und Stefans Mutter zu. Sie kann die Kluft der beiden vertiefen oder helfen, Brücken zu bauen. Im Beispiel gibt es öfter einen Ehestreit mit Karl, sodass die Vermutung nahe liegt, dass auch sie mit der Prioritätensetzung ihres Mannes unzufrieden war und ist.

Um eine Brücke bauen zu können, bräuchte sie einen verständnisvollen Blick. In Worte gefasst, könnte der lauten: „Schön, dass du deinen Anteil an der Kontaktlosigkeit zu Stefan erkannt hast. Das tut weh, glaube ich."

Diese Hinwendung zu den Gefühlen des Vaters setzt voraus, dass die Mutter selbst keinen bewussten oder unbewussten Frust über die Art und Weise des bisherigen Familienlebens in sich trägt. Deswegen überprüfen Sie ehrlich, wie Sie zu den folgenden Fragen stehen:

- Können Sie das Leid Ihres Partners sehen, ohne eine öffentliche Verurteilung zu äußern, oder gar eine heimliche Schadenfreude zu fühlen?
- Wollen Sie Ihrem Partner wirklich helfen, eine neue Kontaktbrücke zum gemeinsamen Kind zu bauen?

Lautet beides Mal Ihre Antwort Ja, dann können Sie einfach loslegen. Bei Zweifel oder einem Nein als Antwort, sollten Sie sich zunächst die Gründe dafür anschauen und klären.

Annäherung unterstützen

Damit eine Annäherung zwischen Ihrem Partner und Ihrem Kind mit Ihrer Hilfe klappt, ist es notwendig, dass Sie gedanklich und gefühlsmäßig neutral sein können. Das wird Ihnen nicht einfach fallen, denn Sie haben ja zu beiden eine Beziehung.

Goethe schrieb in seinem Drama *Torquato Tasso* die Zeilen: „So fühlt man Absicht, und man ist verstimmt". Daraus wurde im Laufe der Jahre die geflügelten Worte **„Man spürt die Absicht und ist verstimmt"**, um Missfallen über erkennbare persönliche Interessen hinter Taten und Worten auszudrücken. Deshalb empfiehlt sich Ehrlichkeit und Offenlegung Ihrer Motive. Drei mögliche Motivationen wären:

- Sie sind es überdrüssig, sich immer wieder das Leid Ihres Partners oder Ihres Kindes über den fehlenden direkten Kontakt anzuhören.
- Sie wollen nicht mehr der Nachrichtenüberbringer sein.
- Sie wünschen sich Frieden und Harmonie in der Familie.

Vielleicht haben Sie auch ganz andere Gründe. Essenziell ist, dass Sie diese aussprechen. Beispielhafte Formulierungen zu den obigen Motiven sind:

- „Ich habe keine Lust mehr, mir euer Gejammer über den fehlenden Kontakt anzuhören. Wenn du magst, dann helfe ich dir gerne. Welche Unterstützung wünscht du dir?"
- „Redet direkt miteinander. Ich bin nicht euer Bote."
- „Ich wünsche mir, dass ihr harmonisch und direkt miteinander kommuniziert. Könnt ihr das für mich tun?"

Achtung bei der Botenrolle! „Ich soll dich herzlich von deinem Sohn grüßen. Er wünscht sich übrigens explizit nichts zu Weihnachten von dir", kann eine frohe Botschaft mit vergiftetem Anteil sein. Überprüfen Sie daher, was Sie gerne weitersagen und für welche Botschaften Sie nicht zur Verfügung stehen. Kriterien dafür sollten Ihre Neutralität und Ihr inneres Wohlwollen sein. Ist eines davon nicht gegeben, ergibt es Sinn, die Botenrolle dankend abzulehnen.

NEUTRALE UND WOHLWOLLENDE HALTUNG FINDEN

- Die Kontaktlosigkeit eines Kindes zu nur einem Elternteil kann die Beziehung der Eltern untereinander belasten.
- Versuchen Sie, Verständnis für Ihren Partner und sein Leid aufzubringen.
- Überlegen Sie sich, ob und wie Sie eine Annäherung zwischen Ihrem Kind und Ihrem Partner unterstützen können.
- Achten Sie dabei unbedingt auf Ihre Neutralität und Ihr Wohlwollen für beide Seiten.
- Lassen Sie sich nicht als Bote „missbrauchen". Sobald sich das für Sie nicht gut anfühlt, sollten Sie die Botenrolle aufgeben.

Was sage ich meinem Umfeld?

KIND **Aus dem Familienumfeld werde ich immer wieder einmal angesprochen, ob ich nicht doch mal wieder den Kontakt zu meinen Eltern intensivieren möchte. Komischerweise glauben alle, es läge an mir.**
ELTERN **Natürlich fragt die Großfamilie nach, was denn los sei zwischen uns und unserer Tochter. Das wissen wir ja auch nicht so richtig. Kann schon sein, dass wir unserer Tochter manchmal die Schuld zu schieben.**

„Wie geht es denn eurem Sohn?" oder „Mal wieder was von eurer Tochter gehört?" Kennen Sie diese Fragen? Es steckt oft aufrichtiges Interesse aus der Familie oder dem Freundeskreis dahinter. Doch wie können und wollen Sie erklären oder berichten, dass Sie nichts wissen? Und vielleicht wollen Sie die Anschlussfragen, woran das denn läge und wie es Ihnen damit gehe, vermeiden. Das ist Ihr gutes Recht.

Was und wie Sie erzählen können

Es ist klug, wenn Sie sich im Vorfeld einer Familienfeier oder eines Treffens mit Freunden Gedanken machen, was Sie erzählen wollen.

„WIE GEHT ES EIGENTLICH EURER SARA?"

Anna und Paul sitzen mit Freunden beim Grillabend auf der Terrasse. Die Stimmung ist gelassen und fröhlich. Die Freunde erzählen von dem Medizinstudium ihrer Tochter. „Ich telefoniere täglich mit Christine. Sie erzählt mir von beinahe jedem Seminar. Für mich ist das fast, als ob ich selbst noch einmal studieren würde", berichtet Annas Freundin freudestrahlend.

„Wie geht es eigentlich eurer Sara? Die wollte doch nach Süddeutschland und dort BWL studieren, oder? Erzählt mal." Die Freundin schaut Anna erwartungsvoll an. Anna schluckt und blickt zu ihrem Mann Paul. Der nickt kurz und sie wendet sich wieder ihrer Freundin zu: „Du, das ist schwierig und ein unangenehmes Thema für mich und Paul. Sara meldet sich kaum noch bei uns. Höchstens alle drei Monate einmal kurz. Wir wissen eigentlich gar nicht, wie es ihr geht und was sie so macht."

Die Freundin sieht Anna an und berührt leicht ihren Arm. „Oh, das stelle ich mir echt schwer vor als Mutter. Tut mir leid, das zu hören. Komm, lass dich mal umarmen." Sie steht auf und nimmt Anna in den Arm. Anna spürt Tränen in den Augen und gleichzeitig eine Erleichterung, die Wahrheit gesagt zu haben.

Paul und Anna haben Glück, so gute und einfühlsame Freunde zu haben. Freunde, mit einem Gespür dafür, dass es eine schmerzhafte Geschichte ist, wenn der Kontakt zum eigenen Kind nicht mehr oder kaum noch vorhanden ist. Ermutigt von Paul trifft Anna eine sehr gute Entscheidung: Sie offenbart ihre Wahrheit – inhaltlich im Sinne von: „Wir haben kaum Kontakt" und emotional im Sinne von: „Es ist ein unangenehmes Thema für mich".

In einem nicht so sicheren Umfeld reicht es, wenn Sie bei einer kurzen Sachinfo bleiben: „Ich weiß es nicht, denn wir haben derzeit keinen Kontakt." Damit geben Sie klare Auskunft und laden nicht zur weiteren Nachfrage ein.

Nutzen Sie stattdessen Formulierungen wie: „Tanja meldet sich seit dem Sommervorfall gar nicht mehr bei uns“ oder: „Tanja hat mir in einem Brief mitgeteilt, dass sie eine Kontaktpause haben will“, geben Sie weitere Details preis, die zu Nachfragen animieren. Das ist okay, wenn Sie offen dafür sind.

Achtung: Keine Schuldzuweisungen vornehmen

Was Sie vermeiden sollten, sind Schuldzuweisungen im Gespräch mit Dritten. Zu einem Kontakt gehören immer mindestens zwei Menschen. Damit gibt es mindestens zwei individuelle Wahrheiten über den Status und die Qualität der Eltern-Kind-Beziehung.

Innerhalb der Familien können Sie davon ausgehen, dass Ihr Kind über Geschwister, Tanten, Onkels oder Großeltern über Ihre Vorwürfe informiert wird. Das wird Ihr Kind nicht als Einladung für einen neuen Kontakt empfinden. Die Kontaktlosigkeit wird durch das einseitige Erzählen Ihrer Wahrheit eher noch manifestiert. Das wollen Sie ja gerade nicht, oder?

Falls Sie es sich nicht verkneifen können, Ihre Meinung und Wahrheit über Ihr Kind und dessen Verhalten zu äußern – weil es aus Ihrer Sicht stimmt und es Ihnen hilft, darüber zu sprechen –, dann empfiehlt sich eine Ankündigung und ein Abspann:

- **Start:** „Ich erzähle euch meine Wahrnehmung. Ich weiß, die ist einseitig, sie geht wie folgt ...“
- **Ende**: „So, das war meine Sicht der Dinge. Meine Tochter/mein Sohn sieht das höchstwahrscheinlich anders.“
- **Zusatz**: „Bitte, wenn ihr Kontakt zu ihr/ihm habt, dann erzählt meine Sicht nicht weiter. Ich möchte keine weiteren Missverständnisse produzieren, sondern das Thema direkt klären, wenn sie/er sich wieder meldet.“

Reaktion auf nervige Nachfragen

Sie werden dennoch auf Gesprächspartner treffen, denen es an Empathie fehlt oder die Ihre Abgrenzung nicht respektieren. Jetzt ist Ihre Schlagfertigkeit gefordert. Drei Varianten nerviger Nachfragen und kluger Antworten:

1. **Frage:** „Komm, erzähl doch mal. Was ist da los bei euch?"
   Freundliche Antwort: „Schön, dass du dich für mich interessiert. Doch ich will jetzt nicht darüber sprechen. Bitte respektiere das."
   Vehemente Antwort: „Ich will darüber nicht sprechen!"
2. **Frage:** „Was hat eure Tochter denn, dass sie sich nicht meldet?"
   Freundliche Antwort: „Das weiß ich leider auch nicht. Ich versuche es herauszufinden, das geht aber nur mit ihr im Gespräch. Alles andere sind reine Spekulationen."
   Vehemente Antwort: „Da musst du sie fragen!"
3. **Frage:** „Naja, du bist ja auch nicht einfach. Schon mal daran gedacht, dass es an dir liegen könnte?"
   Freundliche Antwort: „Oh ja, das hast du gut beobachtet. Ich habe sicherlich meine Anteile, doch die werde ich jetzt nicht mit dir erörtern."
   Vehemente Antwort: „Das geht dich nichts an!"

Die Grundhaltung ist die, dass der Kontakt zwischen Ihnen und Ihrem Kind eine persönliche Angelegenheit ist. Niemand, außer Ihnen oder Ihrem Kind, darf Unstimmigkeiten an die Öffentlichkeit innerhalb der Familie oder des Freundeskreises bringen. Grenzen Sie sich deshalb klar ab, wenn Sie darüber nicht reden wollen.

CHECKLISTE FÜR GESPRÄCHE

Menschen, die Ihnen nahestehen, interessieren sich für Ihr Wohlergehen. Wenn Sie darunter leiden, weil Sie die Art und Weise der Beziehung zwischen Ihnen und Ihrem Kind belastet, dann entscheiden Sie – nur Sie – wem Sie was, wie und wann erzählen möchten.

Entscheidungshilfen sind:

- Will ich überhaupt darüber reden?
- Hat mein Gegenüber wirkliches und herzliches Interesse an mir oder ist er nur neugierig?
- Habe ich mein Gegenüber schon empathisch erleben können; kann ich ihm vertrauen?
- Möchte ich im Dialog neue Perspektiven gewinnen oder nur Dampf und Frust ablassen?
- Hat mein Gegenüber Kontakt zu meinem Kind? Wenn ja, will ich über ihn Botschaften platzieren? Wenn ja, welche?
- Habe ich das Okay von meinem Gegenüber eingeholt, dass er ein Botschafter sein soll?
- Gelingt es mir, ohne Schuldzuweisungen über mein Kind zu sprechen? Wenn nein, schaffe ich es, meine Sicht als einseitig zu benennen?

Geburtstage und Familienfeste

KIND **Familienfeste sind mir ein Gräuel. Schon in meiner Kindheit fand ich die total anstrengend. Jetzt wo ich selbst entscheiden kann, ob ich hingehe oder nicht, ist für mich klar, dass ich da nicht hinfahre.**
ELTERN **Wir treffen uns gerne im Kreis der Großfamilie. Geburtstage, Jubiläen, Mutter- sowie Vatertag sind sprichwörtliche Feiertage. Das unser Kind darauf keine Lust hat, ist für uns unverständlich. Wir akzeptieren das jedoch und lassen uns davon nicht die Laune verderben.**

Familienfeste wirken wie eine Lupe. Sie legen den inneren Zustand des Familienkreises offen. Im Gegensatz zu normalen Besuchen oder Kontaktaufnahmen ist bei Geburtstagen, Jubiläen oder dem Mutter- sowie Vatertag ein höherer Erwartungsdruck im Spiel. Ihre elterlichen Fragen lauten eventuell:

- Wieso meldet sich mein Kind nicht?
- Wieso kommt mein Kind nicht vorbei?

Die Antworten kennt nur Ihr Kind allein. Es kann sein, dass Ihr Kind gerne zu Familienfesten kommt, da dort genug andere Familienmitglieder wie Geschwister, Onkel und Tanten herumschwirren. Das kann erleichtern, wenn nur eine Entfremdung zu Ihnen als Mutter oder Vater vorliegt.

Fühlt sich Ihr Kind in der Großfamilie nicht wohl, wird es genau solche Veranstaltungen meiden. Das ist logisch und ergibt Sinn. Es ist gleichzeitig ein Verstoß an Ihre oder die großfamiliäre Erwartungshaltung. Kopfschütteln oder Verschweigen sind typische Verhalten auf den Verstoß. Neutrale Akzeptanz wäre hingegen die optimale Reaktion: **„Schade, dass du nicht kommen willst.“** Wenn Sie Ihre Einladung noch einmal wiederholen wollen, können Sie noch diesen Nachsatz anfügen: **„Was brauchst du, damit du doch kommen magst?“** Falls Sie eine Antwort bekommen, dürfen Sie entscheiden, ob Sie den Wunsch Ihres Kindes erfüllen wollen oder nicht.

Geburtstage ohne Enttäuschungen

An zwei Tagen im Jahr schmerzt die Kontaktlosigkeit potenziell besonders. Erstens an Ihrem Geburtstag und zweitens am Geburtstag Ihres Kindes. Beide Tage sind Freudentage, denn es begann Ihr Leben und das Leben Ihres Kindes. Umso mehr wünschen Sie sich als Mutter oder Vater höchstwahrscheinlich ein Lebenszeichen Ihres Kindes an diesen Tagen.

Viel hängt natürlich von Ihrer bisherigen Geburtstagstradition ab: Feiern Sie gerne und ausgiebig oder begehen Sie Ihren Jahrestag still und zurückgezogen? Dementsprechend werden Sie sich über einen Besuch, Anruf oder eine Karte verschieden freuen.

Ihre Enttäuschung wird geringer sein, wenn Sie im Vorfeld Ihres Geburtstages Ihre Bedürfnisse und Wünsche an Ihr Kind adressiert haben. Zum Beispiel so:

- „Ich würde mich freuen, wenn du mich an meinem Geburtstag vormittags anrufst."
- „Ich möchte dich gerne zum Kaffee ab 15 Uhr einladen. Kannst du da kommen?"
- „Ich weiß, du bist viel unterwegs und hast viel um die Ohren. Zu meinem Geburtstag wünsche ich mir ein Lebenszeichen von dir – gerne als E-Mail oder WhatsApp. Schaffst du das?"

Hoppla, wenn Sie Ihren Kontaktwunsch so konkret formulieren, wo bleibt da das Überraschungsmoment? Nun, es verpufft. Gleichzeitig ersparen Sie sich aber böse Überraschungen und Enttäuschungen, die eintreten, wenn Ihr Kind sich gar nicht meldet oder nur per E-Mail, obwohl Sie gerne seine Stimme gehört hätten.

Die obigen Formulierungen geben Ihnen keine Garantie, dass Sie das bekommen, was Sie sich wünschen. **Doch Sie geben Ihrem Kind Klarheit und die Chance, sich zu fragen, ob es Ihnen den Kontaktwunsch erfüllen möchte oder nicht.**

Das Gleiche gilt für den Geburtstag Ihres Kindes. Jetzt sind Sie an der Reihe. Sie wollen Ihr Kind erreichen und es klappt nicht, da nur der Anrufbeantworter reagiert? Fragen Sie auch hier im Vorfeld nach, wenn Sie den Lebensrhythmus Ihres Kindes nicht genau kennen. Ihre Anfrage lautet einfach: „Wann kann ich dich an deinem Geburtstag gut erreichen?" Damit können Sie gegenseitige Missverständnisse und die damit verbundenen Enttäuschungen vermeiden.

! NULL KONTAKT ZUM KIND?

Im Falle eines kompletten Kontaktbruches können Sie die Fragen im Vorfeld nicht stellen. Ihr Kind wird sich auch nicht zu Ihrem Geburtstag bei Ihnen melden. Ihre Kontaktversuche zu seinem Geburtstag werden unbeantwortet bleiben. In beiden Fällen wird Ihre Gefühlslage aus einer Mischung von Trauer und Wut bestehen.

Würdigen Sie trotzdem den speziellen Tag und Ihr Kind. Hilfreich sind symbolische Aktionen:

- Stellen Sie gut sichtbar ein Bild Ihres Kindes auf.
- Zünden Sie eine Kerze für Ihr Kind an.
- Verweilen Sie einen bewussten Moment in der Stille.
- Denken und fühlen Sie an Ihr Kind.

Hintergedanke bei dem symbolischen Akt ist, dass Sie Ihre Sehnsucht nach dem Kontakt offenlegen – zugleich räumlich gut geschützt und zeitlich begrenzt.

Familienfeste: richtig einladen

Zu Familienfesten wird man eingeladen – nicht hin befohlen. Und doch steckt in jeder offiziellen Einladung zu einer Hochzeit, Taufe oder sonstigen Verwandtentreffen bis hin zur Trauerfeier eine Erwartungshaltung. Sonst wäre man ja nicht eingeladen worden. Man steht quasi aufgrund der Blutsverwandtschaft automatisch auf der Gästeliste. Egal ob man möchte oder nicht.

Die Art und Weise der Einladung bestimmt sehr stark, ob Ihr Kind kommen wird oder nicht. Es gibt die offizielle Einladung via Karte, E-Mail oder Anruf. Je nach Anlass ist diese förmlich bis locker gehalten. Trotzdem kann sie sehr unpersönlich sein. Beispiele sind:

- „Save the date! Wir laden ein zu …“
- „Paul und Inge geben bekannt …“
- „Die Trauerfeier findet statt am …“

Ihnen ist es wichtig, dass Ihr Kind dabei sein wird? Folglich sollten Sie ihm genau das persönlich mitteilen. Im Telefonat oder mit einer handgeschriebenen Zusatznotiz auf der Einladungskarte:

- „Ich freue mich, dich wiederzusehen, falls du kommen möchtest."
- „Es ist ein wichtiger Tag für mich; tust du mir den Gefallen, zum Fest zu kommen?"
- „Ich weiß, dass du diese Art von Festessen nicht magst. Ich versichere dir, dass es neben dem Grillfleisch auch Vegetarisches geben wird. Hast du einen speziellen Wunsch?"

Die Liste ließe sich endlos weiterführen. Sie soll Ihnen einen Eindruck geben, mit welcher Haltung Sie die Einladung aussprechen:

- Es ist eine Einladung und Frage – kein Befehl oder eine Pflichtübung.
- Ich sehe dich. Ich greife mögliche Einwände und Zweifel auf und biete eine Lösung an.

Mutter- und Vatertag nicht überbewerten

Es sind gesellschaftliche und volkstümliche Traditionen, die den Mutter- und Vatertag hervorgebracht haben. Die meisten Väter verarbeiten es ohne Probleme, wenn sich das Kind nicht meldet. Das nicht Melden zum Muttertag wird da schon als heikler angesehen.

Deshalb die Frage an Sie: **Wie wichtig ist für Sie der Mutter- oder Vatertag?** Wenn es Ihnen sehr wichtig ist, dass Ihr Kind sich an diesen „Gedenktagen" meldet, dann sollten Sie das, wie zum Geburtstag oder zu den Familienfesten, im Vorfeld klar und deutlich äußern: „Nächsten Sonntag ist Muttertag. Denkst du bitte daran. Es ist mir wichtig und ich wünsche mir einen Gruß von dir zu diesem Tag."

Falls Sie selbst nichts von diesen Tagen halten und sich bei Ihren Eltern auch nicht bewusst melden oder gemeldet haben, dann bleiben Sie einfach entspannt.

TIPPS FÜR DIE EINLADUNG AN IHR KIND

Sie haben es nicht in der Hand, ob und wie sich Ihr Kind zu Geburtstagen und Familienfesten meldet. Die Art und Weise Ihrer Einladung bestimmt maßgeblich die Entscheidung Ihres Kindes. Deshalb achten Sie auf folgende Punkte:

- Sprechen Sie eine herzliche und persönliche Einladung aus.
- Klären Sie vorher für sich, welche Erwartungen Sie haben. Formulieren Sie diese für sich aus und – wenn möglich – verabschieden Sie sich davon. Nur so können Sie eine offene Einladung aussprechen.
- Laden Sie konkret ein: „Ich lade dich zum Kaffee um 15 Uhr ein", anstatt unverbindlich: „Du kommst dann auch vorbei, oder?"
- Nehmen Sie möglichen Einwänden den Wind aus den Segeln, indem Sie mit der Einladung schon Lösungen präsentieren à la: „Wir haben auch vegetarisches Essen bestellt. Es gibt nicht nur Grillfleisch."
- Akzeptieren Sie das Nein Ihres Kindes. Es ist sein gutes Recht.
- Fragen Sie gerne nach: „Was brauchst du, damit du doch oder in Zukunft kommen magst?" Eine ehrliche Antwort darauf gibt Ihnen einen Fingerzeig, was Sie bisher übersehen haben und wie Sie die Eltern-Kind-Beziehung verbessern können.

Weihnachten – alle Jahre wieder?

KIND Weihnachten bin ich am liebsten ganz weit weg mit meinem Partner. Wir beide sind keine Freunde von diesem Mega-Familien-Event.
ELTERN Am Anfang war es schwer zu verstehen, wieso unsere Tochter an Weihnachten nicht nach Hause kommt. Nach zwei, drei Jahren haben wir uns daran gewöhnt und unsere eigene Weihnachtstradition erneuert.

Es weihnachtet. Kein Familienfest steht so im Fokus der Erinnerungen und Erwartungen. Fühlen Sie noch die Aufregung als Kind in der

Adventszeit bis zum Heiligen Abend? An Besinnung und geselliges Beisammensein? Die kindliche Erinnerung blendet oft den Stress vor und an Weihnachten aus: Alles soll passen; das Hechten durch verstopfte Innenstädte; das Warten auf den Paketboten; das Vorbereiten des Weihnachtsessen – und dann folgt der erste und zweite Weihnachtstag mit einer Agenda an Verwandtenbesuchen. Erinnern Sie sich?

Mit dem Schritt ins Erwachsenenalter wechseln Kinder die Seiten. Weihnachten verliert den Charme der Kindheit und es treten Fragen in den Vordergrund:

- Wo feiern wir Weihnachten? Bei deinen oder meinen Eltern?
- Wollen wir alleine feiern – ohne Eltern. Nur mit unseren Kindern?
- Müssen wir wirklich die Großfamilie besuchen fahren?
- Haben wir Lust auf die familiäre Weihnachtstradition oder ist es eine Pflichtveranstaltung?

Das haben Sie höchstwahrscheinlich für sich selbst und mit Ihrem Partner schon durchgemacht. Ihr Kind stand oder steht jetzt vor den gleichen Fragen.

Weihnachten als Machtkampf?

Die Weihnachtszeit hat das Potenzial für einen innerfamiliären Machtkampf. Eingeleitet wird schon im Sommer oder spätestens im Herbst mit: „Weihnachten kommst du aber zu Besuch, oder?“ Diese Frage hat es in sich, denn in ihr steckt schon die Vorwegnahme der Antwort. Es wird ein Ja erwartet.

Selbst erwachsene Kinder tun sich schwer, hier klar zu antworten. Es gibt drei mögliche Richtungen:

- „Ja, ich komme.“
- „Nein, ich werde nicht kommen.“
- „Das weiß ich noch nicht.“

Statt dieser Deutlichkeit wird eher – gerade bei einer tendenziell negativen Antwort – um den heißen Brei herumgeredet:

- „Ja, ja, irgendwie werden wir uns schon sehen."
- „Das ist noch so lange hin. Das kann ich nicht sagen."
- „Wolltest du mit Papa über Weihnachten nicht einmal wegfahren?"

Mütter und Väter spüren diese kindliche Zerrissenheit und erhöhen entsprechend den Druck – zum Beispiel mit Appellen an das Pflichtgefühl:

- „Wer weiß, wie lange die Oma noch lebt."
- „Weihnachten ist so eine schöne Tradition, da kannst du dich doch einmal anpassen."

Es gibt unzählige Varianten, wie der Weihnachtsbesuch zu einem Machtkampf ausarten kann. **Alle Varianten haben zugleich eine schädliche Auswirkung für eine gelungene Eltern-Kind-Beziehung.** Es gibt einen Sieger (die Eltern) und einen Verlierer (das Kind) – oder genau umgekehrt. Niemand kommt gerne als Verlierer nach Hause. Wenn Ihr Kind spürt, dass seine Ansichten und Vorstellungen bezüglich Weihnachten kein Gehör bei Ihnen finden werden, dann ist das weihnachtliche Fernbleiben eigentlich eine ganz gesunde Reaktion und eine Chance, das nächste Heilige Fest anders zu handhaben.

Weihnachten 2.0 – alles neu?

Sie wollen Ihren Weihnachtsbrauch erneuern – als Familienfest oder lockere Begegnung mit Ihrem Kind? Dafür ist es nie zu spät. Weihnachten ist bekanntlich das Fest der Liebe. Und die Liebe hat eine große, heilende Kraft.

Der erste Schritt ist oft der schwerste. Es geht um das Anerkennen des Status quo. Ihr Kind hat offensichtlich keine Lust und Freude, mit Ihnen Weihnachten zu feiern. Das schmerzt. Dieser Schmerz nährt die Erkenntnis und Enttäuschung, dass das, was Sie an dem bisherigen Weihnachten lieben, nicht auf Gegenliebe trifft. Erlauben Sie sich die Trauer darüber und nehmen Sie Abschied von der Vergangenheit.

Ein fruchtbarer Dialog mit Ihrem Kind über zukünftige Weihnachten könnte wie folgt aussehen:

Mutter: „Hör mal, ich und dein Vater wollen Weihnachten zukünftig anders gestalten. Wir haben jetzt erst verstanden, dass die bisherige Art anscheinend nicht mehr zu deinen Wünschen passt. Ein bisschen spät, aber besser als nie."
Tochter: „Ja, das stimmt. Ich liebe auf der einen Seite diese Verlässlichkeit, dass Weihnachten so ist, wie es immer war. Doch seit ich mit Frank eine Familie habe, stresst es mich und ihn ungemein. Ihr und seine Eltern wollen, dass wir vorbeikommen. Das wollen wir nicht mehr."
Mutter: „Was willst du oder besser was wollt ihr denn?"
Tochter: „Wir wollen unsere eigene Tradition mit den Kindern leben. Das fängt mit dem Kirchgang an, hinter dem wir nicht stehen, und geht weiter beim Festessen, das wir ganz anders gestalten. Bei uns gibt es Spaghetti und keine Bockwürste mit Kartoffelsalat."
Mutter: „Die mochtest du doch so gerne ..."
Tochter: „Ja früher. Doch ganz ehrlich, die letzten Jahre habe ich sie nur dir zuliebe gegessen. Weil ich weiß, wie wichtig dir die Tradition ist."
Mutter: „Das ist komisch. Ich dachte immer du willst die unbedingt essen. Dein Vater und ich würden auch gerne was anderes essen."
Tochter: „Was hältst du denn davon, wenn wir den Spieß mal umdrehen. Kommt ihr uns doch besuchen am zweiten Weihnachtstag. Wir überraschen euch mit dem Essen und du hast frei."
Mutter: „Ich weiß nicht. Wobei, das wäre einmal was ganz Neues. Wieso nicht. Ich kläre das mit deinem Vater."

Egal welche Worte und Inhalte der Dialog bei Ihnen haben könnte, wichtig ist Ihre anerkennende und offene Haltung im Gespräch mit Ihrem Kind. Erkennen Sie an, dass das, was war und ist, nicht mehr passt. Seien Sie offen für andere Ideen und Perspektiven.

Das nächste Weihnachten wird deshalb nicht perfekt sein; es wird anders sein. **Erlauben Sie sich Trial-and-Error (Versuch und Irrtum), um eine neue Gestaltung der Festtage zu finden.** Sie haben noch genug Weihnachten vor sich, um immer wieder neu zu entscheiden, was Ihnen und Ihrem Kind guttut.

WEIHNACHTEN ALS CHANCE

Nach Weihnachten ist vor Weihnachten. Damit Sie nicht das ganze Jahr an Weihnachten denken, zweifeln und planen, beherzigen Sie folgende Tipps:

- Weihnachten ist das Fest der Liebe – nicht der Pflicht.
- Achten Sie darauf, dass der Blick zurück in die Weihnachtszeit mit Ihren Kindern nicht den Blick auf das Heute verklärt. Erwachsene Kinder haben eigene Vorstellungen von Weihnachten. Berücksichtigen Sie diese.
- Suchen Sie aktiv das Gespräch mit Ihrem Kind – wie, wo und mit wem es gerne Weihnachten feiern möchte.
- Wenn Ihr Kind Weihnachten nicht mit Ihnen feiern will, ist dies kein Angriff gegen Sie, sondern Ausdruck von Autonomie.
- Erlauben Sie sich den Schmerz, dass es nicht mehr so sein wird, wie Sie es sich wünschen.
- Entwickeln Sie mit Ihrem Partner eine neue Vision: Wie wollen Sie Weihnachten zukünftig feiern ohne Ihr Kind?

MEIN KIND LEBT JETZT MIT EINEM PARTNER ZUSAMMEN

Ihr Kind hat einen potenziellen Lebenspartner gefunden? Jetzt dreht es sich mehr um seine eigene Paarbeziehung und eine mögliche Familiengründung. Die Beziehung zu Ihnen bekommt ein Update.

Sie müssen gar nicht erst Oma oder Opa werden. Schon die erste ernsthafte Partnerschaft Ihres Kindes hat Auswirkungen auf Ihre Eltern-Kind-Beziehung. Eine neue Person wird die wichtigste Bezugsperson für Ihr Kind. Eltern stehen ab sofort in der zweiten Reihe. Beginnen tut das mit der Pubertät und manifestiert sich dann im Laufe der Zeit durch Beziehungen, die Ihr Kind in seinem Leben hat und aufnimmt.

Das ist der ganz natürliche Lauf der Zeit innerhalb von Familien. Von der Geburt über die Kindheit und Pubertät ins eigene erwachsene Leben starten, um dann mit der Geburt der eigenen Kinder den Kreislauf neu zu beginnen. Mit entsprechenden Rollenwechseln – sich von Tochter oder Sohn zu Mutter oder Vater und später zu Oma und Opa zu wandeln.

Beim Wechsel der Rollen gibt es Sollbruchstellen für die Beziehung zu Ihrem Kind. Ihr Kind schreitet in seiner Entwicklung voran und Sie bleiben stehen oder wollen es nicht wahrhaben? Dann wird es schwierig! Entspricht die Partnerwahl nicht Ihren Vorstellungen? Oder mag der Lebenspartner Ihres Kindes Sie nicht? Dann haben

Sie eine ernsthafte Belastung Ihrer Eltern-Kind-Beziehung. Zu guter Letzt gibt es das Phänomen der elterlichen Eifersucht. Es tritt auf, wenn Sie das Gefühl haben, dass die Schwiegereltern von Ihrem Kind bevorzugt werden.

Sie merken schon, die Gründung einer Familie birgt Reibungspotenzial zur Herkunftsfamilie. Die Lösung liegt im Anerkennen, Loslassen und Flexibelbleiben als Elternteil.

Ich mag den Partner meines Kindes nicht

KIND **Meine Eltern eiern immer rum, wenn mein Freund mit zu Besuch ist. Ich glaube, sie mögen ihn nicht, denn er verkörpert in seiner Lebensweise genau das Gegenteil von dem, was meine Eltern leben. Ich liebe ihn und halte zu ihm; deshalb fahre ich kaum noch nach Hause.**
ELTERN **Wo die Liebe hinfällt. Unsere Tochter hat sich total verwandelt. Ihre Ansichten und ihr Lebensstil passen gar nicht zu ihr. Es ist schwer, gute Miene zum bösen Spiel zu machen, wenn sie mit ihrem Freund zu Besuch kommt.**

Der erste Freund, die erste Freundin ist für viele Eltern eine Herausforderung. Es ist das klare Signal, dass sich Ihr Kind seine Lebenspartner selbst aussucht. Quasi für sich entscheidet, wer ihm guttut – unabhängig von Ihren Ansichten und Lebenstipps. Vielleicht haben Sie da schon einen Haufen an Erfahrungen während der Pubertät und später mit Ihrem Kind sammeln dürfen. So manche gefühlte Provokation war sicher auch für Sie und Ihren elterlichen Lebensstil eine Herausforderung.

Die Pubertät geht vorüber und die Partnerschaften Ihres Kindes orientieren sich mehr in Richtung Liebe und Lebensgemeinschaft und weniger in Richtung Abgrenzung und Gegenentwurf zum Elternhaus. Hoffentlich spielen Sie bei der Partnerwahl Ihres Kindes keine Rolle. Es ist eine freie Herzensentscheidung, mit wem Ihr Kind leben möchte. Sie müssen die Entscheidung nicht gut finden. Sie sollten jedoch einen Weg finden, damit respektvoll umzugehen, um den Kontakt zu Ihrem Kind nicht zu gefährden.

Respektvollen Umgang wählen

Respekt haben bedeutet, dass Sie aufmerksam und wertschätzend gegenüber anderen Menschen, Lebensstilen und Ansichten sind. Das ist nicht immer einfach. Gerade wenn man sich selbst nicht respektiert fühlt.

Viele Eltern-Kind-Beziehungen waren früher nicht von Respekt geprägt. Die wesentlichen Merkmale wie herzliche Aufmerksamkeit und ehrliche Wertschätzung fehlten komplett. Stattdessen gab es eine Eltern-Kind-Beziehung die auf Angst basierte.

Eventuell denken Sie jetzt: „Ich hatte aber früher Respekt vor meinem Vater“. Dahinter steckt sehr häufig eine Täuschung. Wenn Sie den damaligen Respekt unter die Lupe nehmen, werden Sie Elemente der Angst finden. Angst davor, die Liebe des Vaters zu verlieren, allein gelassen oder missachtet zu werden und so weiter.

Damit Sie jemanden oder eine Situation respektieren können, brauchen Sie innere Sicherheit und ein gutes Selbstwertgefühl. Wenn Sie die Partnerwahl Ihres Kindes nicht respektieren können, dann sollten Sie sich hinterfragen, was in Ihnen los ist:

- Haben Sie Angst, Ihr Kind zu verlieren?
- Verunsichert Sie die Persönlichkeit des Partners Ihres Kindes?
- Ist der Partner Ihrer Meinung nach nicht gut genug für Ihr Kind?

Die Antwort auf Eifersucht und Verlustangst lautet: Lassen Sie los, akzeptieren Sie, dass Ihr Kind seinen eigenen Weg geht. Ihr Kind hat ein Lebensrecht darauf, seine eigenen Erfahrungen mit allen Höhen und Tiefen zu machen. Ihre Aufgabe als Mutter oder Vater haben Sie bereits mehr als erfüllt. Jetzt können und dürfen Sie ein liebevoller Begleiter im Leben Ihres Kindes sein. Nicht mehr und nicht weniger.

Was spiegelt der Partner Ihnen?

Es gibt weitere Fragen, die eine tiefere Dimension bezüglich Ihres Verhältnisses zum Partner Ihres Kindes aufzeigen:

- Fühlen Sie sich bedroht?
- Fühlen Sie sich provoziert?

Mit der Bedrohung und Provokation ist nicht die offene und nachvollziehbare Version gemeint. Also nicht der Lebenspartner, der Ihnen gewaltbereit gegenübertritt oder Sie bewusst mit politischen Aussagen provozieren will. Ist dies der Fall, dann lautet die Antwort: Grenzen Sie sich ganz klar und deutlich ab. Das kann bis zum Hausverbot reichen. Es ist Ihr gutes Recht und Ihre wichtige Selbstfürsorge, sich gegenüber einer Bedrohung zu schützen.

Es gibt eine weitere Variante des Gefühls der Bedrohung und Provokation. Ein verstecktes und nur in Ihnen sichtbares Gefühl der Unruhe und Unsicherheit. Drücken Sie dieses Gefühl nicht weg! Es ist ein ganz hilfreiches Signal. **Es kann sein, dass der Partner Ihres Kindes Ihnen einen Spiegel vorhält.** Sie also Verhaltensweisen von ihm oder ihr ablehnen, die Sie selbst an den Tag legen und nicht mögen. Oder, dass Sie vorgelebt bekommen, was Sie selbst nicht ausleben.

DER MASSLOSE – DIE ANKLAGE

„Ich weiß auch nicht, aber der neue Freund von Karla ist echt maßlos, findest du nicht?", fragt Paul seine Frau Helga.
„Wie kommst du denn darauf?"
„Nun ja, wenn wir essen gehen, dann fühlt er sich automatisch eingeladen und wählt wie selbstverständlich Vor-, Haupt- und Nachspeise aus. Ich habe noch gelernt, dass man sich am Einladenden orientiert."
„Was meinst du?"
„Na, wenn der Gastgeber nur eine Hauptspeise wählt, dann verzichte ich als Gast auf die Vorspeise. Außer ich werde ausdrücklich animiert, die zu wählen. So habe ich das gelernt."

„Ach Paul, so schlimm finde ich den Ferdinand aber nicht. Er genießt halt gerne. Könntest dir davon eine Scheibe abschneiden."
„Was soll das denn heißen?"
Helga berührt Pauls Arm leicht und sagt: „Du bist manchmal so überkorrekt. Ein bisschen mehr Gelassenheit würde dir guttun. Musst ja nicht gleich eine Kopie von Ferdinand werden. Ich kann verstehen, dass unsere Tochter ihn mag. Er ist halt anders. Das reizt."
Paul schüttelt nur noch den Kopf.

Alle unsere Wertungen und Gefühle kommen aus uns heraus und gehören uns exklusiv. Wenn wir uns aufregen oder etwas ablehnen, dann hat das etwas mit uns zu tun. Unser Gegenüber triggert etwas bei uns. Helga und Paul erleben das identische Verhalten von Ferdinand und reagieren total unterschiedlich darauf. In dem Beispiel bleibt Helga ganz gelassen, während Paul sich aufregt. Wenn Paul bereit wäre, zu reflektieren, dann könnte folgender Dialog zwischen ihm, seiner Tochter und Ferdinand entstehen.

DER MASSLOSE – DIE OFFENBARUNG

„Karla, Ferdinand setzt euch bitte einmal hin. Ich möchte euch was sagen", beginnt Paul das Gespräch.
„Was denn Papa?"
„Also, ich habe nachgedacht und möchte sagen, dass es mir leidtut, dass ich dich, Ferdinand, nicht respektvoll behandelt habe."
„Wie kommst du denn darauf", fragt Ferdinand verdutzt nach.
„Na ja, deine Art im Restaurant unbeschwert das Beste und Teuerste aus der Karte zu wählen, kenne ich so nicht. Ich bin anders erzogen worden und merke, dass ich mich daran sehr gestört habe", erläutert Paul. Er fügt schnell hinzu: „Doch ich weiß, dass es mein Problem ist. Du lebst mir vor, was ich mich nicht traue."
„Ach Papa", sagt Karla und drückt seinen Arm. „Schön, dass du das klarstellst. Ich habe gespürt, dass da was nicht stimmt. Bisher konnte ich es nicht greifen und wollte deine Einladungen schon gar nicht mehr annehmen."

In der Selbstoffenbarung liegt die Kraft und Heilung. Paul hat diesen Schritt gemacht, sich seinem Spiegel gestellt und damit seine Beziehung zu seiner Tochter entlastet. Ablehnung und Steine des Anstoßes sind eine große Chance, sich selbst tiefer kennenzulernen und weiterzuentwickeln. Lassen Sie diese nicht verstreichen.

WAS TUN, WENN SIE DEN PARTNER IHRES KINDES NICHT MÖGEN

Ihr Kind entscheidet frei nach seinem Herzen, mit wem es durch sein Leben gehen möchte. Als Elternteil spielen Sie dabei die zweite Geige. Wenn Sie den Partner nicht mögen, dann haben Sie mehrere Möglichkeiten, damit umzugehen ohne die Beziehung zu Ihrem Kind zu belasten:

- Respektieren Sie die Entscheidung Ihres Kindes.
- Behalten Sie Ihre Meinung für sich, außer Sie werden explizit danach gefragt.
- Hinterfragen Sie die Gründe Ihrer Abneigung und nutzen Sie die Antworten für Ihre persönliche Weiterentwicklung (Stichwort Spiegelbild).

Der Partner meines Kindes mag mich nicht

KIND **Mein Ehemann hat Schwierigkeiten mit meinen Eltern; er kann mit ihrer Art und Weise nicht umgehen. Ich stecke da in einer Zwickmühle. Zu wem halte ich?**
ELTERN **Der Mann unserer Tochter mag uns nicht. Das ist total offensichtlich. Unsere Tochter hält zu ihm, das verstehen wir nicht.**

Die Liebe könnte so einfach sein. Ist sie auch, wenn Frau und Mann sich in die Augen schauen und das Gefühl der Verbundenheit fühlen. Wenn sie den Blick weiten, dann sehen sie Eltern und Großeltern hinter dem Partner stehen. **Unsere Ahnenreihe wirkt auf unsere Art zu leben (Vorbild) und zu denken (Glaubenssätze) – bewusst und sehr viel häufiger unbewusst.**

Manche wählen einen Partner, der in die Familientradition passt und andere entscheiden sich für das genaue Gegenteil. Im letzteren Fall ist es eine Art Rückversicherung, den eigenen Loslösungsprozess von der eigenen Familie zu stützen. Es ist einfacher, die eigenen Eltern spießig zu finden, wenn man einen ganz hippen Partner hat. Käme der Partner aus der Lebenswelt der Eltern, dann hätte man ja genau das, was man nicht so gut findet.

Verhältnis zum Schwiegerkind

In den meisten Fällen finden Eltern zumindest ein tolerierendes Verhältnis zu den Schwiegertöchtern und -söhnen. (Schwiegerkind meint hier auch Partner, die nicht verheiratet sind, jedoch maßgeblich das Leben oder einen Lebensabschnitt Ihres Kindes begleiten.) Mehr bedarf es nicht für einen menschlichen Umgang miteinander. Nirgends steht geschrieben, dass Sie den Partner Ihres Kindes lieben müssen – er Sie aber auch nicht.

Heikel wird es, wenn Sie merken oder vermuten, dass der Partner Ihres Kindes gegen Sie agiert und damit – aus Ihrer Sicht – Ihr Kind von Ihnen entfremdet. Es gibt die schwerwiegenden Fälle, in denen Kinder motiviert vom Lebenspartner zum Beispiel in Sekten oder die Drogenszene abdriften und für die eigenen Eltern nicht mehr erreichbar sind. Solche Fälle sind vielschichtig und haben oft eine Vorgeschichte an gestörten Eltern-Kind-Bindungen. Hier helfen therapeutische Gespräche, um sich als Elternteil den eigenen Anteilen zu stellen und einen gesunden Umgang zu finden.

Frage nach Loyalitäten

Ihr Kind ist im Dilemma. Auf der einen Seite liebt es Sie als Mutter und Vater; auf der anderen Seite liebt es seinen Partner. Zu wem soll es sich im Konfliktfall loyal verhalten? Meckert, lästert oder macht sich der Partner über die Schwiegereltern lustig? Das ist für kein Kind schön zu hören. Denn in seinen Adern pulsiert ja genau das Blut der

Menschen, die gerade nicht wertschätzende behandelt werden. Das ist immer auch ein Angriff gegen das Kind.

Viel hängt von der Konfliktkultur innerhalb der Partnerschaft ab. Schafft es Ihr Kind zu sagen: „Ich will nicht, dass du so über meine Mutter sprichst“, oder schluckt es den Affront herunter, um den Frieden in der eigenen Beziehung nicht zu gefährden?

Das wiederum hängt stark davon ab, welche Konfliktkultur Ihr Kind von Ihnen geerbt hat. Hat es in seiner Kindheit erleben dürfen, dass es seine Meinung äußern darf, ohne Gefahr zu laufen, die Bindung zu Ihnen zu gefährden?

Wenn ja, dann wird es sich wohl auch in seiner Paarbeziehung entsprechend verhalten, weil eine innere Grundsicherheit da ist. Sie lautet: „Ich bin okay, auch wenn ich eine andere Meinung habe und für diese einstehe.“ Wenn diese Sicherheit nicht da ist, kann Ihr Kind dazu neigen, dem Partner und damit dem Angriff auf Sie schweigend oder aktiv zuzustimmen, um die Liebe des Partners nicht zu riskieren.

ALS KIND GEFANGEN ZWISCHEN PARTNER UND MUTTER

„Ich will auf keinen Fall, dass deine Mutter bei uns übernachtet", sagt Henrik im strengen Tonfall zu seiner Frau Astrid.
„Wieso nicht?", fragt sie nach.
„Weil ich ihre Art überhaupt nicht mag. Sie respektiert keine Grenzen, schnüffelt in der Wohnung rum und hängt uns dauernd auf der Pelle. Das nervt mich ungemein. Außerdem wirst du dabei wie ein Kleinkind. Sagst Ja und Amen zu allen Wünschen deiner Mutter. Nicht gerade sexy für eine Dreißigjährige."

Astrid spürt eine Beklemmung in ihrer Brust. Sie weiß, dass Henrik teilweise recht hat mit seinen Beobachtungen. Doch es ist ihre Mutter!

„Okay, ich bleibe jetzt einmal erwachsen und gehe auf deine Provokationen nicht ein. Meine Mutter kommt. Basta!"

„Wenn du das durchziehst, dann bin ich an dem Wochenende weg", bekommt sie von Henrik als Antwort zu hören.

Das möchte Astrid aber auch nicht, denn es soll ja ein gemeinsames Wochenende werden. Was tun?

Astrid steckt in einer Sackgasse. Einen geliebten Menschen – Henrik oder ihre Mutter – wird sie vor den Kopf stoßen müssen. Ihre Loyalität wird auf die Probe gestellt. Wer ist ihr näher und wichtiger? Mit wem geht sie in den Konflikt? Henrik und ihre Mutter stehen an der Seitenlinie und warten auf die Entscheidung. Dieser Druck ist frustrierend und macht wütend. Keine gute Ausgangslage für ein klärendes Gespräch. Henrik ist nicht bereit, ihr entgegenzukommen oder zu helfen. Astrids Mutter könnte es tun.

EINE VERSTÄNDNISVOLLE MUTTER – GLÜCK GEHABT!

Astrid telefoniert mit ihrer Mutter: „Du Mama, ich habe da ein Problem. Henrik möchte nicht, dass du bei uns schläfst. Was soll ich denn jetzt machen?"
„Ja, das kann ich mir denken. Der mag mich gar nicht, das spüre ich schon länger."
„Nein, so krass ist es nicht", versucht Astrid zu beschwichtigen. „Er ist halt sehr eigen, wenn es um seine Privatsphäre geht. Er braucht seinen Raum. Er ist da etwas speziell."
„Na, ich habe eigentlich auch keine Lust, die ganze Zeit bei euch zu sein. Da gibt es doch eine Pension um die Ecke. Kannst du mal nachfragen, was ein Zimmer kostet?"
„Nein, das geht doch nicht. Du schläfst bei uns Mama."
„Hör mal Astrid. Du hast dir Henrik als Mann gewählt. Ich mag ihn, auch wenn er teilweise schräg ist – zumindest für mich. Ich will nicht, dass ihr wegen mir Beziehungsstress habt. Ich gehe in die Pension oder in ein Hotel. So hat jeder seinen Rückzugsraum."
Astrid fällt es schwer, das anzunehmen. Gleichzeitig spürt sie, wie sich die vorherige Beklemmung zu dem Thema in Luft auflöst.

Astrid hat Glück mit ihrer Mutter – zumindest in diesem Beispiel. Die Mutter geht nicht in einen Wettkampf um die Gunst von Astrid, sondern nimmt sich ein Stück zurück. Damit macht sie den Weg frei für eine Lösung.

Vermeiden Sie Wettkämpfe

Verstärken Sie nicht das Dilemma Ihres Kindes, indem Sie darauf pochen, die Nummer Eins im Leben Ihres Kindes sein zu wollen. Sie sind und bleiben ein Leben lang die Mutter oder der Vater Ihres Kindes. Niemand kann Sie in diesen Rollen ersetzen.

Ihr Kind verliebt sich und wählt aus freiem Herzen seinen Lebenspartner, mit dem es seine eigene neue Familie gründen wird oder schon gegründet hat. Die Partnerwahl ist von sehr vielen Faktoren – viele davon unbewusst – abhängig, sodass es niemandem ansteht, darüber zu urteilen.

Wenn Sie Pech haben, mag der Partner Sie nicht. Wieso? Auch das ist nicht einfach zu erklären. Vielleicht erinnern Sie ihn an etwas aus seiner Familie oder einer kindlichen Erfahrung. Vielleicht sind Sie ein Spiegel für ihn und sein Verhalten (siehe für das tiefere Verständnis hierzu den Abschnitt *Was spiegelt der Partner Ihnen?* im vorherigen Kapitel *Ich mag den Partner meines Kindes nicht* ab Seite 126).

Zeigen Sie Größe und lassen Sie dem Partner Ihres Kindes den Vortritt. Diese Rücksichtnahme entlastet Ihr Kind ungemein.

CHECK DER REALEN SITUATION

Überprüfen Sie folgende Aussage:
„Der Partner meines Kindes mag mich nicht."
Stimmt das? Wie können Sie es belegen?

Oder passt folgende Aussage besser zur Situation:
„Ich fühle mich nicht gemocht."
Stimmt das? Wann tritt das Gefühl auf?

Beide Fälle machen einen gravierenden Unterschied bezüglich Ihrer Reaktion aus. Wenn der Partner Ihres Kindes Sie nachweislich nicht mag, dann empfiehlt sich als Reaktion:

- Tolerieren Sie die Wahl Ihres Kindes.
- Gehen Sie nicht in einen Wettkampf um die Gunst Ihres Kindes.
- Vermeiden Sie unangenehme Situationen aktiv.

Trifft hingegen eher die zweite Variante mit dem Gefühl des Nicht-Gemocht-Werdens zu, dann liegt die Lösung in der Selbsterkenntnis:

- Wann tritt das Gefühl auf?
- Woran erinnert es Sie?

Die Antworten darauf werden Ihnen einen Fingerzeig geben, was Sie ändern können, um sich besser zu fühlen.

IHRE ROLLE ALS OMA UND OPA

Sind Enkelkinder im Spiel? Wenn ja, dann haben Sie eine echte Chance, den Kontakt zu Ihrem Kind wieder aktiv zu gestalten. Gleichzeitig gibt es neue Fallstricke, die Ihre Beziehung zu Ihrem Kind belasten können.

Mit der Geburt des Enkelkindes erweitert sich Ihre Rolle innerhalb der Familie. Sie sind nicht mehr nur Mutter und Vater Ihres Kindes, sondern auch Großmutter und Großvater. Dazu kommt zusätzlich Ihre Rolle als Schwiegermutter und Schwiegervater, falls Ihr Kind in einer Partnerschaft lebt. Ganz schön viele Positionen, die Sie innerhalb des Familiengebildes einnehmen können.

Bei radikalen Kontaktabbrüchen bekämen Sie die Geburt Ihres Enkels gar nicht mit. Dieser Fall wird hier außen vorgelassen. **Dieses Kapitel lohnt sich für Sie, wenn Sie aktiv Oma und Opa sein wollen und können.**

Für Enkelkinder ist es wichtig, die Wurzeln der eigenen Eltern kennenzulernen und zu erleben. Über die Enkelkinder kann wieder eine Brücke zu Ihrem Kind gebaut werden. Doch Achtung! Wenn Sie den Kontakt zu forsch oder in alten Mustern verhaftet intensivieren, kann es statt zu einem Brückenbau zu einer Vertiefung der Spaltung zwischen Ihnen und Ihrem Kind kommen. Es beginnt bereits mit der Phase der Schwangerschaft – egal ob Ihr Kind die zukünftige Mutter oder der zukünftige Vater sein wird.

Die Phase der Schwangerschaft begleiten

KIND 1 Kaum habe ich meiner Mutter mitgeteilt, dass ich schwanger bin, ging die alte Leier der Bevormundung los. Das stresst mich.
MUTTER 1 Als ich hörte, dass ich Oma werde, ist mein Herz vor Freude gehüpft. Ich will für mein Enkelkind nur das Beste und unterstütze meine Tochter schon in der Schwangerschaft wo ich nur kann.
KIND 2 Ich werde Vater. Ich freue mich richtig auf alles, was da auf mich zukommt. Ich werde auf keinen Fall so wie mein Vater mit Abwesenheit glänzen. Mein Kind wird einen echten Vater haben.
VATER 2 Ich werde Opa und fühle Freude und Trauer in mir. Wenn ich sehe, wie sich mein Sohn schon in der Schwangerschaft aktiv einbringt, dann spüre ich, dass ich da echt was verpasst habe. Ich habe Karriere gemacht. Meine Arbeit war mir sehr wichtig. Vielleicht kann ich als Opa was gutmachen – mal sehen, wie das wird.

Wie geht Muttersein? Wie geht Vatersein? Diese Fragen stellen sich Ihre Kinder jetzt während der Schwangerschaft. Und sie blicken zurück auf das, was sie mit Ihnen als Eltern erlebt haben. **Sie als Vorbild sind prägend für Ihr Kind in seiner zukünftigen Mutter- und Vaterrolle.** Positiv im Sinne von, dass Ihr Kind vieles so machen möchte wie Sie oder negativ im Sinne von, dass Ihr Kind auf gar keinen Fall in Ihre Fußstapfen treten möchte.

Das bekommen Sie mit. Es kann Sie mit alten Gefühlen konfrontieren aus der Zeit, als Sie ein zukünftiges Elternteil in der Phase der Schwangerschaft waren. Ihre Geschichte wiederholt sich quasi jetzt und trotzdem ist die Gegenwart ganz anders und neu. Und erst recht die erlebte Gegenwart Ihres Kindes!

Gefühle, die Sie verbinden oder trennen können

Das Eltern-Kind-Verhältnis bekommt eine neue Dynamik, wenn Enkelkinder angekündigt sind – insbesondere die Mutter-Tochter-Beziehung. Fast immer gehen das Glück und die Angst Hand in Hand durch die neun Monate Schwangerschaft. **In den unsicheren und ängstlichen Momenten orientieren sich Kinder instinktiv an den eigenen Eltern.**

Haben Sie in der Kindheit Schutz und Geborgenheit geboten, dann ist die Chance groß, dass Ihr Kind sich bei Ihnen meldet. Es wird Ihre emotionale sowie praktische Unterstützung suchen. Falls das Verhältnis zu Ihnen eingetrübt und belastet ist, weil Ihr Kind in seiner Kindheit keinen Schutz und Geborgenheit bekommen hat, dann ist die Wahrscheinlichkeit groß, dass andere Menschen – Freunde oder die Schwiegereltern – jetzt eine wichtigere Rolle für Ihr Kind spielen.

Das Verbindende und Trennende einer Eltern-Kind-Beziehung ist während der Schwangerschaft Ihres Kindes wie unter einem Brennglas sichtbar. Was Sie beobachten können:

- Meldet sich Ihr Kind anders als vor der Schwangerschaft?
- Sucht Ihr Kind Rat bei Ihnen?
- Sucht Ihr Kind emotionale Unterstützung bei Ihnen?
- Hat Ihr Kind Ihnen gegenüber eine bittende, neutrale oder fordernde Haltung?

Hilfreich und wegweisend, wie es um Sie und Ihr Kind steht, sind Ihre Gefühlswelten während der Beobachtungen:

- Spüren Sie herzliche Freude?
- Haben Sie Mitgefühl für die Situation Ihres Kindes?
- Fühlen Sie Schadenfreude oder Wut bezüglich der Schwangerschaft?
- Haben Sie das Gefühl, dass Ihr Kind Sie braucht? Gibt Ihnen das ein Gefühl von Macht?
- Fühlen Sie sich von der plötzlichen Zuwendung Ihres Kindes überfordert? Wollen Sie sich jetzt abgrenzen?

Die Liste ließe sich mühelos weiterführen. Verdeutlicht sie doch, dass Ihre Gefühlswelten bezüglich der Schwangerschaft Ihres Kindes sehr komplex sein können. Einige Gefühle wie Freude und Mitgefühl sind gesellschaftlich anerkannt. Andere Gefühle wie Schadenfreude und Wut wird kaum jemand öffentlich zugeben wollen. Das passt nicht und darf doch eigentlich nicht da sein. **Doch, es darf da sein, denn es ist da!** Falls diese Gefühle in Ihnen sind, dann haben Sie einen inneren Wegweiser, dass noch unbehandelte, schmerzliche Themen bezüglich Ihres Kindes in Ihnen schlummern.

Ihr Kind wird aktuell dafür keinen Nerv haben, sich mit der Vergangenheit auseinanderzusetzen. Der Fokus liegt komplett auf dem eigenen Mutter- oder Vaterwerden – zu Recht. Suchen Sie sich daher andere Gesprächspartner, wie Freunde, einen Familiencoach, psychologische Berater bis hin zu einer therapeutischen Hilfe, um Ihre Gefühle zu sortieren, einzuordnen und aufzulösen.

Tipps können Hilfe oder Bevormundung sein

Ihr Kind geht durch eine Phase, die Sie schon hinter sich haben – vielleicht sogar mehrfach. Sie sind im Vorteil, haben Lebenserfahrung angehäuft und können entsprechend Sicherheit oder Besserwisserei ausstrahlen. Ob Ihre Tipps als Hilfe oder als Bevormundung wahrgenommen werden, hängt sehr stark davon ab, wie Sie diese formulieren und wann Sie diese anbringen.

Grundsätzlich sollten Sie Ihre Erfahrung und Unterstützung anbieten und nicht aufdrängen. Bedeutet konkret: Geben Sie Antworten und Hilfe, wenn Sie danach gefragt werden. Verpacken Sie diese in eine persönliche und herzliche Sprache: „Interessant, was du vom Schwangerschaftsyoga erzählst. Ich habe damals gegen das Wasser in den Beinen ein Hausmittel deiner Oma angewandt. Das hat mir geholfen. Willst du mehr dazu wissen?“, statt: „Du musst unbedingt etwas gegen das Wasser in Deinen Beinen machen. Dieses Schwangerschaftsyoga ist doch Quatsch. Geh zum Arzt und frag nach!“ (Zur Vertiefung lesen Sie gerne noch einmal das Kapitel *1x1 guter Eltern-Kind-Beziehungen* auf Seite 22).

ZWEI TÖCHTER ÜBER IHRE MÜTTER

Chiara (33) und ihre Freundin Steffie (35) unterhalten sich über ihre jeweilige Mutter. Beide sind zum ersten Mal im achten Monat schwanger und haben sich bei der Geburtsvorbereitung angefreundet.

Chiara: „Also vieles von dem, was ich hier gehört und gelernt habe wusste ich schon von meiner Mutter. Sie erzählt mir alles, es ist fast so, als ob sie parallel mit mir noch einmal schwanger ist oder sein möchte. Dumm ist nur, dass sich in den dreißig Jahren viel getan hat, sodass sie nicht mehr ganz auf der Höhe der medizinischen Zeit steht. Das juckt sie aber wenig. Im Zweifel irrt unsere Hebamme, da sie es ja anders erlebt hat, das zählt für sie. Nur das. Du glaubst gar nicht, wie nervend das für mich ist. Ich rufe kaum noch an, um mir nicht andauernd anhören zu müssen, wie Schwangersein zu gehen hat."

Steffie: „Puh, wie unterschiedlich Mütter doch sein können. Meine Mutter lässt mich wunderbar in Ruhe. Wenn ich Fragen habe, dann erzählt sie mir, wie es bei ihr war und was sie empfehlen würde. Aber immer nur, wenn ich sie darum bitte. Sie hält sich richtig zurück. Manchmal habe ich das Gefühl, sie interessiert sich nicht wirklich für mich."

Chiara: „Tja, gar nicht so einfach Tochter und Mutter zu sein, in dieser Situation. Wenn ich mir was backen könnte, dann wäre es der Mix von deiner und meiner Mutter."

Steffie: „Wie würde das aussehen?"

Chiara: „Grundsätzliche herzliche Zuwendung und Interesse, jedoch ohne Bevormundung und Tipps nur auf Nachfrage. Diese dann nicht allwissend, sondern eher wie ein Erfahrungsaustausch von Frau zu Frau."

Steffie: „Wo finde ich die? Und außerdem, warte mal ab, bis wir beide Oma werden. Mal sehen, ob wir dein Ideal schaffen. Ist gar nicht so einfach, befürchte ich."

Die ideale Mutter oder den idealen Vater für das schwangere Kind gibt es nicht. Bedürfnisse und Erwartungen auf Seite der Eltern wie der Kinder sind zu individuell und zu vielschichtig, als dass es eine Schablone für werdende Großeltern geben könnte oder sollte.

Kurz nach der Geburt? Seien Sie achtsam!

Die Geburt des ersten Kindes ist ein Bad der Gefühle – für die Mutter und den Vater. Deren Leben steht Kopf. Sie als Oma und Opa sollten in dieser Phase achtsam und behutsam auf Ihr Kind und Enkelkind zugehen:

- Melden Sie Ihre Besuche im Krankenhaus an.
- Fragen Sie nach, ob ein Besuch wirklich passt und wie er zeitlich begrenzt sein sollte.
- Achten Sie eigenständig auf die Begrenzung.

Sie können davon ausgehen, dass Ihr Kind sich freut, Sie zu sehen und Ihnen das Enkelkind zu zeigen. Gleichzeitig ist Ihr Kind ganz auf sich, das Neugeborene und seinen eigenen Partner konzentriert. Die sind gerade die wichtigsten Personen im Leben Ihres Kindes. Nicht Sie! Das ist normal. Sollten Sie sich zurückgesetzt fühlen, dann überprüfen Sie Ihre Bedürfnisse:

- Wieso fühle ich mich zurückgesetzt?
- Entspricht das Gefühl einer neugebackenen Großmutter oder eines neugebackenen Großvaters? Ist es wirklich angemessen?
- Wie kann ich mein Bedürfnis ohne mein Kind stillen?

Die Weiche für das zukünftige Verhältnis von Schwiegermutter zu Schwiegersohn wird oft am Wochenbett gestellt. Schaffen Sie es als Mutter, sich zurückzunehmen, wenn Ihre Tochter und ihr Partner Ihnen das Enkelkind präsentieren? Fordern Sie Ihr Enkelkind ein im Sinne von: „Jetzt reich ihn/sie mir mal rüber“ oder warten Sie ab, bis es Ihnen angeboten wird? Die Empfehlung lautet eindeutig: abwarten! Die natürliche Reihenfolge ist erst die Mutter, dann der Vater und dann die Großeltern.

SCHWANGERSCHAFT ALS KONTAKTCHANCE

Die Zeit der Schwangerschaft ist eine Chance, den Kontakt zu Ihrem Kind zu intensivieren oder neu aufleben zu lassen. Damit es gelingt, achten Sie auf folgende Punkte:

- Ändert Ihr Kind sein Kontaktverhalten? Wenn ja, beobachten Sie in welche Richtung.
- Wie fühlt es sich für Sie an? Wenn neben Freude auch negative Gefühle da sind? Kümmern Sie sich eigenständig um diese – abseits von Ihrem Kind.
- Bieten Sie Hilfe an – drücken Sie diese nicht auf.
- Geben Sie keine ungefragten Tipps und Erfahrungen weiter. Üben Sie sich in Geduld, bis Ihr Kind Sie um Ihre Meinung bittet.
- Achten und respektieren Sie unbedingt die Privatsphäre der neuen Familie am Wochenbett und darüber hinaus. Die Angebote an Sie, an dem neuen Familienglück teilzuhaben, werden folgen. Üben Sie sich auch hier in Geduld und Zurückhaltung.

Als Großeltern in Kontakt bleiben

KIND **Meine Eltern nerven mich andauernd mit ihren Ratschlägen rund um die Erziehung. Ich mache es halt anders als sie. Das wollen oder können sie nicht kapieren.**
ELTERN **Unsere Tochter hat ihre Kinder überhaupt nicht im Griff. Da muss man doch was sagen dürfen, oder?**

Die Rolle der Großeltern wird immer vielschichtiger und individueller. Das ist ein Glück für Sie und Ihr Kind. Sie können jenseits von Traditionen Ihren Weg finden, wie Sie als Oma und Opa Kontakt halten wollen. Sie werden ein neues Verständnis für Ihre Eltern-Kind-Beziehung gewinnen und sich gleichzeitig neuen sowie wiederkehrenden Konflikten stellen dürfen.

Alte Wunden heilen

Die Rolle als Oma und Opa ist eine große Chance, den Kontakt zu dem eigenen Kind wieder zu intensivieren. Sie können alte Wunden heilen lassen. Ihr Kind ist jetzt selbst in der Verantwortung als Mutter oder Vater. Das kann eine neue Verbindung ermöglichen.

PLÖTZLICHES VERSTÄNDNIS

Tochter: „Das meine Mutter früher öfter geschrien hat, kann ich plötzlich nachvollziehen. Manchmal platzt auch mir als Mutter der Kragen."

Mutter: „Ich war früher oft überlastet mit meiner eigenen Tochter. Heute sehe ich sie als Mutter manchmal in der gleichen Situation. Ich biete ihr häufig meine Hilfe an, die sie dankend annimmt. Für mich hat das irgendwie etwas Heilendes, als ob ich mein Verhalten von früher so ausgleichen kann."

Ihre Oma- und Oparolle bietet Ihnen die Gelegenheit, ihre eigene frühere Mutter- und Vaterrolle noch einmal teilweise zu erleben und zu korrigieren. Jetzt haben Sie eventuell die Zeit und Aufmerksamkeit für Ihr Enkelkind, die Sie früher bei Ihrem Kind nicht hatten.

Ihr Kind wird das bemerken und ansprechen: „Schön, wie du dich um unsere Kleine kümmerst. So kenne ich dich ja gar nicht." **Nun haben Sie die Möglichkeit, mit Ihrem Kind neu ins Gespräch zu kommen.** Erzählen Sie von den damaligen Umständen und Ihrer Haltung als Mutter oder Vater. Das schafft neues Verständnis füreinander.

Achtung, es geht nicht um Rechtfertigung und es darf kein Ego-Trip werden. Ungünstig wäre eine Haltung à la: „Schau, was für eine tolle Oma ich bin. Gib mir mein Enkelkind gerne so oft wie möglich, damit ich etwas wiedergutmachen kann." Das wäre eine neue Art eines Übergriffes und wird dazu führen, dass Ihr Kind sich wieder oder weiterhin von Ihnen abgrenzt.

Achtung Falle: Erziehungstipps und Ratschläge

Eines der größten Konfliktpotenziale ist das Geben von ungefragten Tipps und Ratschlägen an die junge Familie. Wie schon in der Phase der Schwangerschaft sollten Sie das unbedingt unterlassen. Ihr Kind möchte nicht von Ihnen bevormundet werden.

Wenn Sie den Drang in sich spüren, Ihr Wissen und Ihre Lebenserfahrung mitteilen zu wollen, dann sollten Sie vorher um Erlaubnis fragen: **„Ich möchte euch gerne etwas zu eurer Art der Erziehung sagen. Wollt ihr es hören?“** Wenn ja, dann steht Ihren Erläuterungen nichts im Wege. Achten Sie dabei auf Ihren Tonfall. Sie erheben keinen Vorwurf, sondern teilen eine Beobachtung mit. Wenn nein, dann sollten Sie das respektieren und Ihre Meinung für sich behalten – zumindest vor der Familie Ihres Kindes.

Ihre Gedanken und Beobachtungen werden weiter in Ihnen brodeln, deshalb ist es sinnvoll, wenn sie diese mit Ihrem Partner, mit Freunden oder Bekannten austauschen. Somit sind Sie nicht zum Schweigen verurteilt und bekommen gleichzeitig die Aussicht auf andere Perspektiven zu dem Thema.

Ein weiterer Aspekt ist das aktive Eingreifen in die Erziehung. Das sollten Sie niemals tun! Auch wenn Sie das Gefühl haben, es besser zu wissen oder zu machen. Wenn keine Kindeswohlgefährdung vorliegt, dann ist die Erziehung das Hoheitsgebiet der direkten Eltern. Lassen Sie es nicht zu einer Konfrontation vor dem Enkelkind kommen, in dem Sie Ihr eigenes Kind sabotieren mit: „Das sieht deine Mama ganz falsch“ oder mit: „So kann das dein Vater aber nicht machen.“

Das gilt auch, wenn das Enkelkind bei Ihnen zu Besuch ist. Sollte es zu Hause erzählen: „Oma hat gesagt, dass es nicht richtig ist, wenn du mir Süßigkeiten verbietest“, dann wundern Sie sich bitte nicht, wenn der Kontakt zu Ihnen abnimmt. Das ist eine eindeutige Grenzverletzung. Je achtsamer Sie damit umgehen, umso leichter wird es Ihrem Kind fallen, den Kontakt zu Ihrem Enkel zu fördern.

Grenzen respektieren

Ihr Kind hat mit seinem Partner eine neue Familie gegründet. Das Familienleben Ihres Kindes unterscheidet sich zwangsläufig von dem Ihrigen und dem, was Sie gewöhnt sind oder für richtig halten. Aus der Familien-DNA Ihres Kindes und der des Partners wurde die neue Kernfamilie. Dementsprechend gelten hier andere Regeln und Ansichten.

Sicherlich finden Sie Bekanntes vor. Das können Ansichten zur Erziehung oder Traditionen zu Weihnachten sein. Sie werden jedoch auch mit ganz anderen Vorgehensweisen und Perspektiven konfrontiert werden. Das ist ganz normal. Sie sind Zuschauer und Gast eines neuen Familienlebens. **Respektieren Sie daher grundsätzlich die Grenzen, die Ihnen gesetzt werden.**

Wie gut Ihr Kind bei Grenzziehungen ist, hängt davon ab, wie Sie dies früher gemeinsam gelebt und geübt haben (siehe hierzu den Abschnitt *Achten auf persönliche Integrität* im Kapitel *1x1 guter Eltern-Kind-Beziehungen* auf Seite 22). Nicht selten übernehmen die Schwiegerkinder die notwendige Grenzziehung, da es Ihnen einfacher fällt. Sie sollten Ihre Auge und das Gehör auf passive und aktive Signale schulen.

TYPISCHE GRENZSIGNALE !

Aktive und offene Grenzziehungen sind häufig klare Ansagen:
- „Ich will das nicht!"
- „Ich möchte das nicht!"
- „Das ist unsere Sache. Halte du dich da raus!"

Passive Grenzziehungen drücken sich oft versteckt verbal und in Handlungen aus:
- „Ach Mama, wenn du meinst." (Rede du mal, ich mache es doch anders.)
- „Schau mal, bei der Oma gibt es Limo. Das ist nicht gut für deine Zähne wegen dem Zucker." (Mit Ihrem Enkel sprechen und Sie als Großeltern meinen.)
- „Da haben wir keine Zeit." (Kontaktvermeidung)

Grenzüberschreitungen finden statt. Das lässt sich im Alltag kaum vermeiden. Sie sind auch kein familiärer Weltuntergang, wenn Sie dafür die Verantwortung übernehmen:

- „Tut mir leid. Da bin ich zu weit gegangen.“
- „Entschuldigung, aber meine Aussage war unangebracht.“
- „Ich bin euch zu nahe getreten. Das wollte ich nicht. Ich werde darauf künftig aufpassen.“

Für Ihr Kind ist es eine große Entlastung, wenn es nicht um seine Grenzen kämpfen muss. Diese Entspanntheit ermöglicht auch einen lockeren und herzlicheren Kontakt zu Ihnen. Mit der Einhaltung von Grenzen tun Sie also nicht nur Ihrem Kind, sondern insbesondere sich selbst einen großen Gefallen. Plus: Sie werden im Gegenzug auch Grenzen ziehen, die Ihre Beanspruchung als Großeltern bezüglich Betreuung und sonstiger Unterstützung angeht. Sie werden sich wünschen, dass Ihr Kind auch Ihre Grenzen respektiert. Da hilft es ungemein, wenn Sie es als Elternteil selbst vorleben.

Das eigene Kind im Blick halten

Vor lauter Enkelglück sollten Sie nicht Ihr eigenes Kind aus den Augen verlieren. Ihre Tochter ist die Mutter oder Ihr Sohn ist der Vater des Enkelkindes. Dies sollte die Reihenfolge im Kontakt sein. Zuerst Ihr Kind und dann Ihr Enkelkind.

„WIE WILLST DU MIR WAS ANTUN, WENN DU MICH GAR NICHT SIEHST?“

Oma Gerti ruft einmal die Woche bei ihrer Tochter Frauke an. Sie spricht dabei sehr gerne mit ihren beiden Enkelkindern Tim (6) und Chris (3). Mit ihrer Tochter Frauke tauscht sie sich nur über die Kinder aus.

Frauke hat das Gefühl, dass sie als Tochter und eigenständige Person überhaupt keine Rolle mehr spielt. Das macht sie traurig und lässt sie immer kontaktunwilliger zu ihrer Mutter Gerti werden.

Oma Gerti spürt dies, da Frauke nur noch kurz angebunden am Telefon reagiert. „Was ist denn los? Habe ich dir was getan?", fragt Gerti einmal nach. „Wie willst du mir was antun, wenn du mich gar nicht siehst?", lautet die schnippische Antwort von Frauke.

Der kurze Dialog von Gerti und Frauke offenbart die Kontaktlosigkeit der beiden zueinander. Dies ist ein Momentum, welches genutzt werden kann. Es hängt sehr viel von der Reaktion der Mutter ab. Sagt Gerti: „Stell dich nicht so an. Tim und Chris sind nun einmal derzeit das Wichtigste für mich", dann dreht sich die Spirale der Entfremdung zu ihrer eigenen Tochter zwangsläufig weiter. Antwortet sie stattdessen mit: „Oh, das ist mir gar nicht aufgefallen. Ich habe dich ganz übersehen in letzter Zeit. Das tut mir leid", dann eröffnet sich ein Weg, den Kontakt wieder zu intensivieren.

Sie sollten im Hinterkopf haben, dass Ihr Kind sich freut, wenn Sie aktiv Oma oder Opa sind und Interesse an Ihren Enkelkindern zeigen. Ist das nicht der Fall, dann liegt bereits in der Vorgeschichte zwischen Ihnen und Ihrem Kind eine massive Störung der Beziehung vor (siehe hierzu *Typische Ursachen für Entfremdung* auf Seite 59). Gleichzeitig hat Ihr Kind auch das Bedürfnis, von Ihnen gesehen, anerkannt und wertgeschätzt zu werden – gerade in seiner zusätzlichen Rolle als Mutter oder Vater des Enkelkindes.

Übersehen Sie dieses Bedürfnis nicht. Positive Rückmeldungen zu seiner Art, Mutter oder Vater zu sein, sind eine hilfreiche Brücke. Zwei einfache Sätze können viel bewirken, wenn sie ehrlich gemeint sind:

- **„Schön, dich als Mutter zu erleben."**
- **„Toll, was für ein Vater du bist."**

Verbinden Sie diese Botschaft mit einer Nachfrage, die exklusiv Ihr Kind betrifft: „Wie geht es dir?" Somit sprechen Sie Ihre Einladung an Ihr Kind aus, wieder in den Eins-zu-Eins-Kontakt zu gehen – jenseits der Enkelinder und dem sonstigen Familienleben.

HILFREICHE KONTAKT-TIPPS FÜR GROSSELTERN

In der Rolle als Großeltern gibt es neue Kontaktanlässe zu Ihrem Kind. Damit diese nicht in einen Konflikt oder eine Kontaktminderung führen, achten Sie auf folgende Hinweise:

- Geben Sie keine unaufgeforderten Ratschläge und Erziehungstipps.
- Greifen Sie nicht in die Erziehung ein.
- Achten und respektieren Sie die Grenzen der neuen Familie.
- Schenken Sie Ihrem Kind Aufmerksamkeit und Interesse in seiner neuen Rolle als Mutter oder Vater.

(Im Allgemeinem gelten auch in der Großfamilie und für Sie als Oma oder Opa die Empfehlungen aus dem Kapitel *1x1 guter Eltern-Kind-Beziehungen* auf Seite 22.)

Brücke bauen zu den Enkelkindern

KIND **Ich habe den Kontakt zu meinen Eltern schon lange weitestgehend abgebrochen. Meine Kinder durften Oma und Opa jedoch immer sehen. Ich wollte und will Ihnen nicht die Großeltern vorenthalten.**
ELTERN **Unser Sohn spricht kaum mit uns. Trotzdem kommen die Enkelkinder zu Besuch und via Social Media haben wir einen direkten Draht zu ihnen. Da erfahren wir auch, wie es ihm geht.**

Sie sind wichtig für Ihre Enkelkinder! Was immer auch zwischen Ihnen und Ihrer Tochter oder Ihrem Sohn vorgefallen ist, die Enkelkinder sollten darunter nicht leiden. Als Großeltern repräsentieren Sie die Ahnengalerie und Familienwurzeln eines Elternteils des Enkelkindes. Hier kann es erleben, welche emotionale DNA in ihm steckt.

Traditionen, Glaubenssätze und Lebenserfahrungen werden von Generationen innerhalb der Familie weitergegeben. Der Umgang damit führt entsprechend zu Generationskonflikten. Für das Enkelkind ist es hilfreich, diese zu kennen und mehrere Perspektiven zu hören. Das erleichtert es ihm, die eigene Position innerhalb der Großfamilie zu finden.

Aktive Großeltern-Enkelkind-Beziehung

Die Grundprinzipien einer gelungenen Beziehung zu Ihrem Enkelkind sind die gleichen wie zu Ihrem Kind oder Ihrem Partner. Es dreht sich um einen gleichwürdigen Umgang, das Achten von Grenzen, die Übernahme von Verantwortung und eine authentische Kommunikation – ausführlich wurde dies beschrieben im Kapitel *1x1 guter Eltern-Kind-Beziehungen* auf Seite 22.

Zusätzlich ist es angeraten, dass Sie den Kontakt zum Enkelkind aktiv suchen und halten. Am Anfang über die Eltern und später direkt. Gute Mittel sind:

- Postkarten, SMS, E-Mail oder Messanger-Posts zu familiären Anlässen oder einfach so
- Karten und Aufmerksamkeiten zu Geburtstagen, Ostern und Weihnachten
- Nutzen von familiären Social-Media-Gruppen
- regelmäßige Telefonate und Videocalls

Was leicht und selbstverständlich klingt, kann ein Minenfeld sein und zu innerfamiliären Explosionen führen. **Respektieren Sie daher unbedingt die Regeln und Grenzen der neuen Kleinfamilie.**

Beispiele:

- Schenken Sie keine Süßigkeiten, wenn die Eltern Ihres Enkels dies strikt ablehnen.
- Halten Sie sich an die Regeln bezüglich des Medienkonsums, wenn Sie ausdrücklich darum gebeten werden.
- Versuchen Sie nicht, über die Größe oder den materiellen Wert eines Geschenkes die Eltern des Enkels auszustechen.

Sie gefährden den Kontakt zu Ihrem Enkelkind, wenn Sie die Regeln und Wünsche der Eltern nicht einhalten. Eine Reaktion wäre nämlich, dass die Eltern Ihren Kontakt zum Enkel bewusst minimieren, da es aus deren Sicht anstrengend und nervenaufreibend ist. Das ist eine klare Grenzziehung. Sie können dies im Vorfeld jedoch vermeiden, indem Sie die Vorgaben Ihres Kindes tolerieren und umsetzen.

EINE MUTTER SPRINGT ÜBER IHREN SCHATTEN

Die bekannte Autorin und Moderatorin Charlotte Roche hat den Kontakt zu ihren Eltern abgebrochen. In einer Kolumne mit dem Titel *Du schuldest deinen Eltern nichts* erzählt sie, wieso dies nicht für ihre Tochter gilt:

„Und jetzt kommt der schwierige Generationentwist: Nur weil ich finde, meine Eltern waren als Eltern Katastrophe, heißt das nicht, dass sie das auch als Großeltern sind. Ich widerstehe tapfer dem ersten Impuls, ihnen auch die Enkeltochter zu entziehen. Sie geht jeden von ihnen besuchen, schreibt Whatsapp, telefoniert und verschickt normale oldschool-Post, erzählt mir davon und über meine Lippen geht kein böses Wort.

Ich habe irgendwann herausgefunden, warum es mich so schmerzt, wenn meine Mutter schlecht über meinen Vater redet. Weil sie jedes Mal eine Hälfte von mir beleidigt. Wenn ich meiner Tochter jetzt Schlechtes über ihre Oma erzähle, würde ich ja ein Viertel meiner Tochter beleidigen. Ist Mathe, ne?!

Ich liebe meine Tochter, missbrauche sie nicht für meinen Hass, muss sie nicht auf meine Seite ziehen, weil es für sie keine Seiten gibt. Sie darf Beziehungen pflegen, mit wem sie will und ich eben auch."

https://sz-magazin.sueddeutsche.de/charlotte-roche-jetzt-koennte-es-kurz-wehtun/du-schuldest-deinen-eltern-nichts-85546

Was tun, wenn mir die Enkel vorenthalten werden?

Angenommen Sie haben einen weitreichenden Konflikt mit Ihrem Kind. Halten Sie Ihr Enkelkind da raus und bitten Sie Ihr Kind, dies auch zu tun. Es kann sein, dass Ihr Kind Ihnen wegen des Konflikts die Enkel vorenthält. Dagegen können Sie nichts machen, außer immer wieder zu signalisieren, dass Sie den Kontakt zum Enkel unabhängig des Disputes mit Ihrem Kind haben wollen. Sie können eine entsprechende Einladung formulieren:

„Ich würde sehr gerne Kontakt zu meinem Enkelkind haben. Ich verspreche, dass unser Konflikt dabei keine Rolle spielen wird.“

Je nach Alter des Enkels sprechen Sie diese Einladung an Ihr Kind – der Mutter oder dem Vater vom Enkelkind – oder direkt an Ihr Enkelkind aus. Bei Babys, Klein-, Kita- und Grundschulkindern werden Sie ohne die direkten Eltern nicht in Kontakt mit dem Enkelkind kommen. Später, mit Beginn der Pubertät, wird Ihr Enkel vielleicht von sich aus den Kontakt zu Ihnen suchen, um zu verstehen, was eigentlich zwischen Ihnen und seiner Mutter oder seinem Vater los ist. Bleiben Sie dafür offen, auch wenn es dauern wird.

Überprüfen Sie unbedingt, ob Sie das Versprechen wirklich halten können. Falls Unverständnis, Groll und Enttäuschung in Ihnen schlummert, dann stellen Sie sich diesen Gefühlen und lernen Sie damit umzugehen. Somit verhindern Sie, dass diese Gefühle Bestandteil der Großeltern-Enkelkind-Beziehung werden (siehe hierzu auch den Abschnitt *Wenn die Gefühle kommen* im Kapitel *Alltag meistern ohne sein Kind* auf Seite 102).

IHRE SIGNALE AN IHR ENKELKIND

Sie sind wichtig für Ihr Enkelkind. Signalisieren Sie daher von Beginn an, dass Sie sich als Oma oder Opa Kontakt zu Ihrem Enkel wünschen:

- Melden Sie sich aktiv zu entsprechenden Anlässen.
- Nutzen Sie über reale Besuche hinaus alle möglichen Kanäle wie Brief, Karte, Telefon und Social Media.
- Respektieren Sie grundsätzliche Regeln, Grenzen und Wünsche der Eltern Ihres Enkelkindes – zumindest bis Ihr Enkelkind sich der Volljährigkeit nähert.
- Halten Sie den eventuellen Konflikt mit Ihrer Tochter oder Ihrem Sohn von Ihrem Enkelkind fern.

Neidisch auf die anderen Großeltern?

KIND **Meine Schwiegereltern sind cool. Sie wohnen nicht weit weg und wir sind oft dort. Es ist einfach unproblematisch und ohne Erwartungshaltung.**
ELTERN **Unsere Tochter kommt mit ihrer Familie kaum zu Besuch. Die Eltern ihres Partners werden bevorzugt. Die haben es auch leichter, denn sie wohnen im gleichen Ort. Wir leben hingegen 300 Kilometer entfernt. Neid ist ein blödes Gefühl, aber es ist da.**

Sie sind nicht alleine Großmutter oder Großvater. Sie stehen in Partnerschaft oder Konkurrenz mit den Schwiegereltern Ihres Kindes. Welche Variante Ihr Verhältnis hat, liegt an Ihnen.

Ursachen für das Neidgefühl

Natürlich gibt es faktische Begünstigungen, die dazu führen, dass Ihr Kind und Enkelkind mehr Kontakt zu den anderen Großeltern hat. Dazu zählen die Nähe des Wohnortes, die vorhandene Zeit für die mögliche Betreuung der Enkel sowie etwaige weitere Verpflichtungen in der Arbeit, Freizeit oder Großfamilie.

Zusätzlich gibt es emotionale Aspekte. Es kann sein, dass sich Ihr Kind bei den Schwiegereltern einfach wohler und freier fühlt. Es gibt dort keine gemeinsame Familiengeschichte. Das ermöglicht inneren Abstand und Gelassenheit im Umgang miteinander.

Wenn Ihre Eltern-Kind-Beziehung belastet ist, dann sind die Besuche bei den anderen Großeltern entspannter. Nachvollziehbar, dass Ihr Kind diesen Weg wählt. Für Sie ist das ein Zeichen, sich die eigentlichen Ursachen der schlechten Beziehung zu Ihrem Kind anzuschauen (siehe hierzu das Kapitel *Typische Ursachen für Entfremdung* auf Seite 59).

PSYCHOLOGIE DES NEIDES

!

Neid wird oft als eine Art giftiges Gefühl beschrieben. Es tut einem selbst nicht gut. Neid gehört zu den sieben biblischen Haupt- oder Todsünden. Er hat keinen guten Ruf. Und doch steckt das Neidpotenzial in jedem Menschen. Es gehört zu unserer Gefühlswelt dazu.

Die Grundformel bei Neid lautet: **„Ich sehe, dass jemand etwas hat, was ich gerne hätte und muss damit emotional fertig werden."**

Neid setzt sich aus den Gefühlen von Ärger, Wut und Trauer zusammen – wobei damit der Vergleich mit einer anderen Person oder Situation einhergeht. Der Hang zum Neid hängt laut Forschung stark von der eigenen Sozialisation ab. Wer in seiner Herkunftsfamilie erlebt hat, dass man immer zu kurz gekommen ist im Vergleich zu Geschwistern, Mitschülern oder sonstigen Mitmenschen, neigt eher dazu, das Neidgefühl zu entwickeln.

Neid ist eine innere Einladung, die Beziehung zu einem anderen Menschen als Wettkampf zu sehen. Wer hat mehr? Das ist die zentrale Frage. In diesem Fall haben die anderen Großeltern mehr von Ihrem Kind und Ihrem Enkel.

Es ist nicht hilfreich, wenn Sie sich zum Wettkampf verführen lassen à la: „Ihr seid mehr bei den anderen, dafür gebe ich euch mehr Geschenke“ oder indem Sie als Buchhalter auftreten, nach dem Motto: „Ihr seid zehnmal im Jahr bei den Schwiegereltern und nur zweimal bei uns.“

Oft hilft hingegen ein Perspektivenwechsel. Ihr Kind ist öfter bei den Schwiegereltern? Dafür werden diese als Betreuungspersonen eingespannt. Sie haben kaum noch Zeit für eigene Freunde oder Hobbies. Betrachtet Sie es aus dieser Perspektive, sind die Schwiegereltern eventuell neidisch auf Sie.

Positiver Umgang mit Neid

Neid ist ein Weckruf an Sie. Hören Sie hin! Neid sagt etwas aus über Ihre Gefühlswelt, Glaubenssätze, Erwartungen und Wünsche an das Familienleben:

- „Ich bin traurig und fühle mich zurückversetzt.“ (Gefühlswelt)
- „Immer gewinnen die anderen.“ (Glaubenssatz)
- „Ich will als Oma beachtet werden.“ (Erwartung und Wunsch)

Bitte bewerten Sie Ihre Selbsterkenntnis nicht. Alles darf sein. Sobald Sie wissen, was die Kerntriebfeder für Ihr Neidgefühl ist, können Sie sich daran machen, dies zu ändern. Wie? Mit der Selbstoffenbarung Ihrem Kind gegenüber. Bedeutet beispielhaft bezogen auf die obigen drei Sätze:

- „Ich spüre Traurigkeit in mir und ich habe das Gefühl, nicht wichtig zu sein für dich. Stimmt das?“
- „Aufgrund meiner Biografie trage ich die tiefe Überzeugung in mir, dass die anderen immer mehr haben als ich. Das trübt meinen Blick auf meine Schätze, die ich habe. Dazu zählen insbesondere deine Besuche.“
- „Mein Wunsch ist es, als Oma eine stabile Beziehung zu meinem Enkelkind aufzubauen. Dafür brauche ich gemeinsame Zeit mit euch. Was hältst du davon?“

Suchen Sie das Gespräch mit Ihrem Kind über Ihren Neid. Das fällt vielen Menschen nicht leicht, denn Neid wird durchgehend als etwas Negatives angesehen. Dabei ist es Ausdruck einer inneren Not. **Ihr Kind kann Ihnen nur dann helfen, wenn es Ihre Not kennt und versteht.**

Trauen Sie sich, zu erzählen, wie es um Sie steht. Eine mögliche Reaktion könnte nämlich sein: „Das wusste ich gar nicht, wie stark du mich und meine Familie vermisst. Das ist gar nicht böse gemeint von uns. Es ist einfach praktisch mit den Schwiegereltern, die um die Ecke leben. Vielleicht kannst du uns öfter besuchen? Darüber würde ich mich freuen. Und außerdem fühle ich gerade, dass mich deine Offenheit richtig berührt. Ich fühle mich dir dadurch sehr nahe. Danke, dass du es erzählt hast.“ Eine schönere Reaktion Ihres Kindes kann es auf ihren offen ausgesprochenen Neid kaum geben.

DEM NEID DIE MACHT NEHMEN

Neid ist ein Gefühl, das jeder in sich trägt. Ein knapper Satz hilft, den Neid auszuhebeln: **Darauf kann man neidisch sein – muss man aber nicht.**

In dem Satz stecken zwei Aussagen:
1. Neid (Mix aus Ärger, Wut und Trauer) ist normal.
2. Es liegt an Ihnen, welche Macht Sie dem Gefühl geben.

Die Macht brechen können Sie mit Antworten auf folgende Fragen:
- Was ist mir wirklich wichtig?
- Gibt es eine andere Perspektive auf die Situation?
- Kann ich anders zufrieden sein?

ALS ELTERN GETRENNT

Kein Kind möchte, dass sich die eigenen Eltern trennen. Gleichzeitig können Kinder eine Trennung gut verarbeiten und bewältigen, wenn zwischen den Eltern Klarheit und Respekt herrscht. Im Erwachsenenalter des Kindes wirkt zugleich die Art und Weise der elterlichen Trennung nach.

Der Zeitpunkt der Trennung als Elternpaar beeinflusst den späteren Kontakt zwischen Ihrem Kind und Ihnen stark. Fand die Trennung schon während der Schwangerschaft statt, dann hat Ihr Kind eventuell nie eine richtige Beziehung zum leiblichen Vater aufbauen können. Möglicherweise wollte er das auch überhaupt nicht. Fehlender Kontakt im Erwachsenenalter ist da nicht verwunderlich.

Trennten Sie sich hingegen erst später im Kita- und Schulalter Ihres Kindes, dann haben Sie als Eltern oder das Familiengericht entschieden, bei wem Ihr Kind aufwächst. Die gängige Variante ist das Residenzmodell; dies bedeutet, dass das Kind maßgeblich bei einem Elternteil – häufig der Mutter – aufwächst und den anderen Elternteil zu festgelegten Zeiten und Rhythmen sieht. Eine weitere häufige Variante ist das sogenannte Wechselmodell. Hier hat das Kind zwei Lebensmittelpunkte, da es paritätisch bei der Mutter und dem Vater lebt.

Unabhängig vom Modell stand Ihr Kind zum Zeitpunkt der Trennung vor mehreren schwierigen emotionalen Herausforderungen. Gerade kleine Kinder entwickeln Schuldgefühle à la „Wäre ich anders, würden Mama und Papa zusammenbleiben." Es ist eine zentrale Aufgabe der Eltern, diese Gefühle im Keim zu ersticken.

Die Botschaft lautet klar und deutlich: „Wir bleiben immer deine Mama und dein Papa. Nur als Frau und Mann schaffen wir es nicht mehr. Da kümmern wir uns drum. Das ist unsere Aufgabe."

Parallel dazu kann es sein, dass Kinder sich loyal für einen Elternteil entscheiden, um diesen nicht zu verlieren. Schimpft die Mutter über den Vater, dann lehnt das Kind in Kooperation zur Mutter den Vater mit ab, um sich der Liebe der Mutter sicher zu sein und vice versa. Diese kindliche Überlebensstrategie hat Auswirkungen auf die Eltern-Kind-Beziehung im Erwachsenenalter. Einige Kinder manifestieren die Ablehnung des früher abwesenden Elternteils, andere hinterfragen die Haltung des früher anwesenden Elternteils und suchen aktiv Kontakt zum getrennten Elternteil.

Nachwirkungen der Trennung

KIND **Meine Mutter fühlte sich sehr verletzt von der Affäre meines Vaters. Diese führte zur Trennung, als ich sechs Jahre alt war. Ich wuchs im wöchentlichen Wechsel bei meiner Mutter und meinem Vater auf. Was ich mir von ihr bis heute anhören muss, ist, dass mein Vater ja so ein gemeiner Mensch gewesen sei und ist. Früher zerriss mich das innerlich, denn ich liebte und liebe ja beide, meine Mutter und meinen Vater. Heute beende ich den Kontakt zu meiner Mutter, wenn sie mit den alten Geschichten beginnt. Ich will das nicht mehr hören!**
MUTTER **Er hat unsere Ehe kaputt gemacht. Aber meine Tochter lass ich mir nicht nehmen, weder damals noch heute!**

Kinder, die zwischen die Fronten der Eltern geraten, leiden. Sie gehören da nicht hin, denn ihr Herz schlägt für beide Elternteile. Daher ist eine respektvolle und achtsame Trennung und Scheidung der Eltern so wichtig für das kindliche Wohlergehen. Leider kommt dies nicht oft vor. In der Mehrzahl sind Eltern blind für die kindlichen Bedürfnisse, da sie selbst gerade mit sich und ihrer in Schieflage geratenen Frau-Mann-Beziehung beschäftigt sind.

Eigene Verletzungen, beidseitige Vorwürfe bis hin zum Rosenkrieg stehen auf der Agenda – weniger die Gefühlswelten der Kinder.

Um das heutige Kontaktverhalten Ihres Kindes zu verstehen, sollten Sie einen Blick zurückwerfen: Wie war Ihre Trennung?

Die Antwort darauf gibt Ihnen einen Hinweis, ob emotionale Altlasten Ihre Eltern-Kind-Beziehung trüben. Wenn ja, dann ist es Zeit zum Aufräumen und Aufklären.

Der ehrliche Blick zurück

Versetzen Sie sich zurück in die Zeit der Beziehungsschwierigkeiten und der Trennung von Ihrem Partner. Hilfreiche Fragen hierzu lauten:

- Was war damals mein Problem?
- Wie habe ich es gelöst?
- Wie hat mein Kind mich vermutlich erlebt?
- Habe ich in Anwesenheit unseres Kindes schlecht über meinen Ex-Partner gesprochen?
- Wurde schlecht über mich gesprochen?
- Habe ich damals um den Kontakt zu meinem Kind gekämpft?
- Bin ich als abwesender Elternteil verlässlich im Kontakt und in meinen Pflichten (Unterhalt etc.) gewesen?

Es werden schmerzhafte Antworten sein, die Ihnen dazu einfallen. Bitte machen Sie sich hierzu keine Vorwürfe. Trennungen sind Ausnahme- und Notsituationen. Da passieren Fehler und es werden verletzende Sachen gesagt oder getan. **Doch heute – Jahre später – können Sie reflektierter auf die Zeit zurückschauen.** Sie können den emotionalen Preis sehen, den Ihr Kind dafür zahlen musste, dass Sie als Frau und Mann nicht weiterkonnten oder wollten.

Versöhnliche Worte finden

Für die Anerkennung des gezahlten Preises ist es nie zu spät. Für die Übernahme der elterlichen Verantwortung auch nicht.

Je nachdem, welche Antworten und Sichtweisen Sie beim Blick zurück gewonnen haben, könnten Sie folgende Sätze in Ihrer persönlichen Variante sagen:

- „Mir tut es leid, dass ich dich damals zwischen mich und deinen Vater/deine Mutter gestellt habe. Das war nicht fair dir gegenüber."
- „Ich hatte damals keinen Blick für dich und deine Bedürfnisse. Ich war zu einhundert Prozent mit mir beschäftigt. Es tut mir leid, dass ich dich damals alleine gelassen habe."
- „Ich bin heute noch traurig darüber, dass ich nicht mehr um dich gekämpft habe. Als das Familiengericht entschied, wie oft ich dich sehen darf, habe ich das widerspruchslos hingenommen und mich zurückgezogen. Das tut mir leid."

Die Grundhaltung aller drei Sätze ist dieselbe: Benennen, was war und die Verantwortung dafür übernehmen. Damit geben Sie Ihr Kind frei von möglichen Zweifeln, dass es Schuld an dem gestörten Verhältnis zu Ihnen trägt.

Mit dieser Offenheit laden Sie gleichzeitig zu einem neuen Kontakt zu Ihnen im Hier und Jetzt ein. Es ist nie zu spät, diesen Weg zu gehen. Der erste Schritt sollte jedoch von Ihnen als Mutter oder Vater kommen. Ihr Kind wird sicherlich nachfragen, was denn aus heutiger Sicht wirklich los war damals. Die Kontaktaufnahme auf Basis einer neuen ehrlichen Beziehung kann somit beginnen.

Der Blick auf das Hier und Jetzt

Die Trennung liegt in der Kindheit, doch sie hat Aus- und Nebenwirkung bis in den heutigen Tag hinein. Sie begegnen Ihrem Ex-Partner auf Geburtstagen, Familienfeiern oder zufällig bei und mit Ihrem gemeinsamen Kind. Heute ist es erwachsen. **Ihr Kind wird trotzdem genau beobachten, wie Sie im Hier und Jetzt mit Ihrem Ex-Mann oder Ihrer Ex-Frau umgehen.** Denn es ist ja seine Mutter beziehungsweise sein Vater.

Wenn Sie Groll oder Unverständnis Ihrem Ex-Partner gegenüber hegen, dann sollten Sie diesen nicht im Beisein Ihres Kindes ausleben. Versuchen Sie in so einem Fall Ihrem Ex-Partner wie einer fremden Person zu begegnen – respektvoll, freundlich und auf Abstand. Damit zwingen Sie Ihr Kind nicht, sich wieder für oder gegen Sie oder das andere Elternteil positionieren zu müssen.

NACHWIRKUNGEN DER TRENNUNG BEWÄLTIGEN

Trennungen der Eltern wirken nach – auch in das Erwachsenenalter der Kinder. Wichtig zur Bewältigung sind:

- Respektvoller Umgang mit dem Ex-Partner, der ja Mutter oder Vater des Kindes ist.
- Übernahme der Verantwortung für eigenen Anteile an der Trennung.
- Benennen und Anerkennen des emotionalen Preises, den Ihr Kind zahlen musste.
- Gesprächsangebot an Ihr Kind, über die Vergangenheit aus heutiger Sicht zu sprechen. (Achtung: Nicht um sich zu rechtfertigen, sondern um Ihrem Kind die Chance zu geben, nachträglich zu verstehen, was damals los war.)

Mein Kind lehnt mein neues Leben ab

KIND **Mein Vater hat sich jetzt nach 30 Jahren Ehe von meiner Mutter getrennt! Er hatte schon seit Jahren eine Affäre, die jetzt herausgekommen ist. Meine Mutter leidet sehr. Ich lehne den Kontakt zu meinem Vater ab, denn ich finde sein Verhalten unmöglich.**

VATER **Ja, ich habe mich nach 30 Jahren getrennt. Ich liebe eine andere Frau – schon länger. Der Schritt ist mir nicht leichtgefallen. Ich hoffe, dass mein Sohn mein neues Leben irgendwann akzeptiert und wir eine neue Beziehung aufbauen können.**

Beziehungen scheitern – mal schneller und mal langsamer. Es gibt keine Garantie für die ewige Liebe. Trennen sich Eltern im Erwachsenenalter ihrer Kinder, ist die Gefahr, dass die Kinder darunter leiden, deutlich geringer als im Kindesalter. Trotzdem trifft es die Kinder. Einige reagieren mit Verständnis, andere schütteln nur mit dem Kopf. Der Impuls, sich mit einem Elternteil zu solidarisieren, ist vorhanden und wird ausgelebt. Der Preis einer Trennung kann sein, dass sich der Kontakt zu Ihrem Kind verändert bis abbricht.

Mögliche Auswirkungen Ihrer Trennung

Die Gretchenfrage lautet: Von wem oder was trennen oder trennten Sie sich? Können und wollen Sie Ihre Zukunft nicht mehr mit Ihrem Partner gestalten? Oder betrifft es auch die gemeinsamen erwachsenen Kinder?

Das sind sehr quälende Fragen. Zugleich geben die Antworten darauf einen Hinweis, welchen Anteil Sie an der Kontaktminderung Ihres Kindes als Reaktion auf Ihre Trennung haben.

„MEINE TOCHTER IST STINKSAUER AUF MICH"

Robert (59) trennte sich von seiner Frau Meike (56), als die zweite Tochter (18) zum Studium das Haus verließ. Er hatte schon seit Jahren eine sexuelle Affäre zu einer anderen Frau gepflegt. In den letzten Monaten ist für ihn daraus Liebe geworden. Auf ein Leben mit der neuen Frau will er nicht verzichten.

„Mir ist bewusst, was ich alles aufgebe und welches Kopfschütteln ich im Freundeskreis und der Familie ernte. Doch ich will auf die Sexualität und das Zusammensein mit meiner Freundin Britta nicht verzichten. Es ist für mich, als ob ein ganz neues Leben beginnt."

Meike ist verzweifelt und am Boden zerstört. Sie fühlt sich betrogen und belogen. Sie versteht nicht, was Robert antreibt. Der Tag, als Robert ihr die langjährige Affäre gestand, hat sie in eine tiefe Traurigkeit gestürzt. Gott sei Dank war ihre erste Tochter (21) zu Besuch, sodass sie sich nicht allein gelassen fühlte, als Robert ging.

Robert hatte die Tochter vorher bewusst angerufen und gebeten, an dem Wochenende nach Hause zu kommen. Er ahnte, dass Meike zusammenbrechen werde und wollte ihr durch die Tochter Unterstützung und für sich eine Entlastung bieten.

„Meine Tochter fühlt sich im Nachhinein auch von mir hintergangen und instrumentalisiert. Sie ist stinksauer auf mich und meldet sich seit Monaten nicht bei mir. Meine Sicht der Geschichte interessiert sie überhaupt nicht", beklagt sich Robert später bei Britta. Sie nimmt ihn in den Arm und sucht tröstende Worte: „Ja, für mich hast du anscheinend nicht nur deine Frau, sondern auch deine Kinder verlassen. Wenn sie mit der Zeit merken, wie gut es dir geht und wenn deine Ex-Frau das Ganze verdaut hat, dann werden sie sich wieder bei dir melden. Ganz bestimmt. Du bist ja immer noch ihr Vater."

Ob Brittas Einschätzung Wirklichkeit wird, steht in den Sternen. Fakt ist hingegen, dass es unglücklich von Robert war, seine erwachsene Tochter in den Beziehungskonflikt mit seiner Frau zu involvieren. Die Absicht dahinter war eventuell eine fürsorgliche für seine Ex-Frau. Gleichzeitig hat er jedoch damit seiner Tochter die Bürde aufgelastet, sich um die Mutter kümmern zu müssen. Der Knackpunkt ist, dass er ihr keine Wahl ließ. Er hat sie an dem Wochenende vor vollendete Tatsachen gestellt und höchstwahrscheinlich damit emotional kräftig überfordert. Dass sie sich mit der Mutter solidarisiert und von seinem neuen Leben nichts wissen will, ist eine gesunde Schutzmaßnahme.

Aus dem Dilemma kommt Robert nur heraus, wenn er seine Tochter um Verzeihung bittet: „Es tut mir leid, dass ich dich in meine Trennung von deiner Mutter mit hineingezogen habe. Das war nicht okay. Ich habe echt Mist gebaut. Bitte verzeihe mir." Mit dieser ehrlichen Übernahme von Verantwortung für sein Tun könnte es sein, dass sich ein neues Kontaktfenster zu seiner Tochter öffnet.

Wie eine erwachsene Trennung gelingt

Selten entscheiden beide Partner, dass sie nicht mehr miteinander wollen. Häufig kommt ein Partner zu der innerlichen Erkenntnis und überrascht den anderen mit der Selbstoffenbarung oder mit Taten wie Affären und Zweitbeziehungen. **Welchen Weg Sie im Fall der Fälle auch immer wählen sollten, wichtig ist, dass Sie Ihre erwachsenen Kinder aus dem Spiel lassen!**

Die Trennung ist primär ein Thema zwischen Ihnen und Ihrem Partner. Ihr Vorteil ist, dass die Kinder aus dem Haus sind und somit keine elterlichen Verpflichtungen mehr bestehen. Sorgerechtsstreit und Unterhaltsverpflichtungen bezüglich der Kinder spielen keine Rolle. Das kann eine Trennung sehr erleichtern.

Sie können davon ausgehen, dass die Trennung Ihr Kind trotzdem emotional berühren wird. Ihr Kind wird sich positionieren – zumal es Sie als Elternpaar sein Leben lang kennt. Vielleicht äußert es Unverständnis und ist traurig. Es kann aber auch laut: „endlich!“, ausrufen, da es total offensichtlich war und ist, dass Sie als Paar nicht mehr gut zusammenpassen oder sich gegenseitig guttun. Eine ideale erwachsene Trennung orientiert sich an folgendem Ablauf:

- Sie sprechen als Paar über Ihre Probleme.
- Sie suchen sich professionelle Hilfe, wenn die Trennungsentscheidung noch nicht feststeht.
- Sie beschließen gemeinsam oder einseitig, dass die Beziehung ein Ende findet.
- Sie suchen sich Unterstützung im Freundeskreis oder bei einer professionellen Beratung.
- Sie informieren Ihr Kind gemeinsam darüber, dass sie sich trennen.

Sie sehen, Ihr Kind ist das letzte Glied in der Kette. Da gehört es auch hin, denn Ihre Paarprobleme gehen Ihr Kind im Detail nichts an. Es steht in seinem eigenen Leben, hat da auch mit Themen zu kämpfen und will sich nicht um ihre Beziehung kümmern müssen.

Das ist und bleibt originär Ihre Aufgabe. Genauso, wie Sie nicht in die Beziehungen Ihres Kindes eingreifen dürfen (vergleiche das Kapitel *Mein Kind lebt jetzt mit einem Partner zusammen* ab Seite 125).

TRENNUNG MIT ERWACHSENEM KIND

Egal wann Sie sich trennen, auf das Wie kommt es an:

- Übernehmen Sie die Verantwortung für Ihren Anteil an der gescheiterten Beziehung.
- Involvieren Sie Ihr Kind nicht in den Trennungsprozess.
- Bieten Sie Ihrem Kind an, Ihre Version der Beziehungsgeschichte zu erzählen. Warten Sie die Annahme der Einladung ab, bevor Sie loslegen.
- Laden Sie Ihr Kind ein, an Ihrem neuen Leben teilzunehmen. Setzen Sie Ihr Kind dabei nicht unter Druck.
- Sprechen Sie nicht schlecht von Ihrem Ex-Partner in Anwesenheit Ihres Kindes.

MEIN KIND MELDET SICH – WIE REAGIEREN?

Liegt der Kontakt brach oder ist kaum noch vorhanden, dann ist es umso schöner, wenn Ihr Kind sich wieder bei Ihnen meldet. Worauf Sie achten sollten, damit die Kontaktaufnahme glückt.

Das Telefon klingelt; eine E-Mail trudelt ein; Ihr Kind steht vor der Tür. Es sind schöne Momente, wenn Kinder sich von sich aus melden. Parallel spuken vielleicht Gedanken durch den Kopf: „Wieso jetzt erst?" oder: „Nö, ich bin beleidigt. Jetzt braucht sich mein Kind auch nicht melden."

Ganz normale Situationen, denn es treffen ja zwei Menschen wieder aufeinander, die beide über eine gemeinsame Eltern-Kind-Geschichte verbunden sind; die beide Bedürfnisse, Erwartungen und Wünsche haben und die beide unsicher sind, wie der Kontakt verlaufen wird.

Unsicherheit und Angst ist leider ein schlechter Berater, denn wir sind dadurch in Habachtstellung und reagieren instinktiv mit Angriff, Flucht oder Ohnmacht, wenn die Unsicherheit zu groß wird. Deshalb ist es ratsam, dass Sie sich um Ihre Selbstsicherheit kümmern, damit Sie das Kontaktangebot Ihres Kindes klar und offen erwidern können.

Klarheit: Sie bennenen Ihre Position innerhalb Ihrer Eltern-Kind-Beziehung. Offenheit: Sie führen einen Dialog darüber, wie sich der zukünftige Kontakt für beide gut anfühlen könnte. Achten Sie darauf, nicht in die Vorwurfsfalle zu stolpern. Das ist eine Reaktion im Angriffsmodus – also aus der eigenen Unsicherheit heraus.

Der Vorwurfsfalle entgehen

KIND Immer wenn ich anrufe, höre ich, dass es zu wenig sei und ich mich nicht für meine Eltern interessieren würde. Das nervt mich so, dass ich es lieber ganz lasse. Die Vorwürfe habe ich echt satt!
MUTTER Eigentlich freue ich mich, wenn meine Tochter anruft. Doch kaum höre ich ihre Stimme, mache ich ihr Vorwürfe. Das will ich gar nicht – ich kann aber auch nicht anders. Es fühlt sich für mich auch nicht gut an.

Wer mit Vorwürfen hantiert, spielt mit dem Feuer. Ein Vorwurf ist eine Art verbaler Fehdehandschuh. Die Botschaft lautet: „Du bist falsch!“ Es fehlt der Blick und die Empathie für das Gegenüber. **Vorwürfe haben keinen konstruktiven Anteil.** Das Fehlverhalten wird einseitig beim Gesprächspartner lokalisiert. Sie selbst sind gefangen in Ihrer einseitigen Wahrnehmung. Eine herzliche und offene Begegnung ist somit ausgeschlossen.

Vorwürfe sind auf der anderen Seite eine mächtige Waffe, um anzugreifen oder sich zu verteidigen. Ihr Kind muss erst einmal verdauen, was es da von Ihnen zu hören bekommt. Punkt für Sie. Doch wollen Sie wirklich solche Punkte sammeln? Ihr Kind wird zum Gegenvorwurf ausholen (Angriff), Ihnen kaum etwas wirklich Ehrliches erzählen (Ohnmacht) oder den Kontakt wieder abbrechen (Flucht bzw. Verteidigung). Das Gleiche gilt auch für Sie, wenn Ihr Kind Ihnen gegenüber nur mit Vorwürfen hantiert.

Ursachen meiner Vorwürfe erkennen

Neben den negativen Aspekten eines Vorwurfes bietet er auch eine große Chance. Sie müssen sich nur selbst zuhören. **Jeder Vorwurf beinhaltet eine Selbstoffenbarung!** Die Botschaft lautet: „Mir geht es nicht gut.“ Die Selbstoffenbarung wird zum Vorwurf mit dem Zusatz: „Du bist schuld daran.“ Wer in der Vorwurfsfalle feststeckt, äußert nur den Zusatz und überhört seine eigene Selbstoffenbarung.

Es gibt zig Varianten von Vorwürfen – abhängig von persönlichen Themen und Situationen. Beispielhaft stehen diese drei typischen und verallgemeinerten Vorwürfe an erwachsene Kinder:

- „Nie meldest du dich!"
- „Du bist undankbar!"
- „So kann man doch nicht leben!"

Es könnte sein, dass Ihnen dies auch schon einmal herausgerutscht ist. Vielleicht haben Sie den Vorwurf scherzhaft verpackt, da Sie selbst merkten, dass die Aussage nicht förderlich ist. Und doch werden solche Sätze zwischen Eltern und Kindern ausgesprochen. Die Botschaft dahinter ist eine ganz andere. Die Selbstoffenbarung hinter den drei Vorwürfen könnte lauten (auch wieder verallgemeinert):

- „Ich vermisse dich!" hinter „Nie meldest du dich!"
- „Ich fühle mich nicht gesehen!" hinter „Du bist undankbar!"
- „Ich verstehe dich nicht!" hinter „So kann man doch nicht leben!"

Vorwürfe positiv umwandeln

Bei den Ich-Sätzen kommen Sie aus dem Versteck hinter dem Vorwurf heraus. Sie zeigen sich. Das ist eine Einladung an Ihr Kind, sich auch zu zeigen. Quasi ein Gespräch mit offenem Visier. Damit Ihnen dies gelingt, müssen Sie sich erforschen:

- Was frustriert mich?
- Über was ärgere ich mich?
- Was macht mich traurig?
- Wovor habe ich Angst?

Mit diesen Leitfragen kommen Sie der Ursache des Vorwurfs auf die Spur. Wenn Sie den Grund erkannt haben, bietet er Ihnen die Chance, sich Ihrer Anteile bewusst zu werden und dafür die Verantwortung zu übernehmen. Das bedeutet für die obigen Vorwurfsvarianten konkret:

- „Ich vermisse dich, denn ich habe immer noch nicht gelernt, dich loszulassen."

- „Ich fühle mich nicht gesehen. Das geht mir nicht nur bei dir so. Es ist mein eigenes Thema, ich fühle mich in Beziehungen oft zurückversetzt."
- „Ich verstehe dich nicht, denn die Art, wie du lebst macht mir Angst. Es fordert mich heraus, meinen Horizont zu erweitern und Vorurteile aufzugeben."

Das klingt nach Arbeit. Plötzlich liegt der Ball bei Ihnen und nicht wie im Vorwurf beim Gegenüber. **Genau das ist die große Entwicklungschance für Sie als Persönlichkeit und für die Beziehung zu Ihrem Kind.**

Mit Vorwürfen des Kindes umgehen

Die Kontakte zu Ihrem Kind können auch darin münden, dass Ihr Kind Ihnen Vorwürfe macht. Jetzt liegt der verbale Fehdehandschuh vor Ihnen. Sie werden instinktiv mit Angriff („Kein Wunder, so wie du lebst!"), Verteidigung („Stimmt doch gar nicht!") oder Ohnmacht (Schweigen) antworten. Das liegt in der Natur der Sache, denn ein Vorwurf verunsichert.

Wenn Sie sich trainieren, dann können Sie den Vorwurf an Sie als Einladung sehen, Ihr Kind in seinem Dilemma und mit seinem Frust zu sehen. Der Vorwurf ist Ausdruck der gestörten Beziehung zwischen Ihnen. Etwas brodelt unter der Oberfläche und bahnt sich über den Vorwurf ans Licht. Beispielhaft stehen diese zwei typischen und wieder verallgemeinerte Vorwürfe von erwachsenen Kindern an die Eltern:
- „Du hörst nicht zu!"
- „Du bist voller Vorurteile!"

Parallel zu den Eltern-Beispielen stecken hier wieder kindliche Selbstoffenbarungen in dem Vorwurf:
- „Ich fühle mich nicht gesehen!" hinter „Du hörst nicht zu!"
- „Ich fühle mich nicht verstanden!" hinter „Du bist voller Vorurteile!"

Versuchen Sie, auf die versteckte Selbstoffenbarung zu antworten. Damit durchbrechen Sie den Teufelskreis von Vorwurf und Gegenvorwurf. **Egal welchen Vorwurf Sie hören, trainieren Sie sich folgende Frage als Reaktion an: „Wie kommst du darauf?“**

Mit dieser einfachen Frage nehmen Sie Ihr Kind ernst und wollen es verstehen. Der Ball liegt wieder bei Ihrem Kind. Es darf und muss die Verantwortung für sein Unbehagen übernehmen. Damit machen Sie eine Tür auf, um auf die wirkliche Missstimmung innerhalb Ihrer Beziehung schauen zu können.

Seien Sie gnädig mit sich selbst. Einen Kreislauf an Vorwürfen zu durchbrechen ist nicht einfach. Je mehr Emotionen im Vorwurf verpackt sind, umso schneller reagieren Sie im Modus Angriff–Verteidigung–Ohnmacht. Das ist normal und geht der absoluten Mehrheit von Menschen innerhalb von Beziehungen so. Reflektieren Sie sich selbst nach einer Vorwurfsrunde und nehmen Sie sich fest vor, bei der nächsten Runde anders zu reagieren. Übung macht auch hier den Meister – es lohnt sich, für Sie und Ihr Kind!

VORWÜRFE ENTKRÄFTEN

Vorwürfe sind nicht konstruktiv. Gleichzeitig offenbaren sie eine Unwucht innerhalb der Beziehung. Etwas stimmt nicht und wird nicht offen angesprochen. Trainieren Sie sich zwei Haltungen an:

- Wenn Sie einen Vorwurf machen, dann wandeln Sie diesen um in eine Ich-Botschaft – aus „Du meldest dich nicht!“ wird „Ich vermisse dich!“
- Wenn Sie einen Vorwurf hören, dann reagieren Sie mit einer Frage: „Wie kommst du darauf?“

Sich als Eltern abgrenzen

KIND Ich wähle eine radikale Partei und habe meine eigene Meinung zum bestehenden System. Die ist nicht positiv.
ELTERN Unser Sohn vertritt politisch radikale Ansichten, die wir nicht teilen. Früher haben wir uns darüber heftig gestritten. Heute meiden wir das Thema. Wir dulden jedoch keine verfassungsfeindlichen Symbole in unserem Haus.

Die Gründe der Kontaktminderung sind vielschichtig. Durch das Kapitel *Typische Ursachen für Entfremdung* (Seite 59) haben Sie möglicherweise einen Hinweis für Ihre Familiensituation bekommen. Wenn Ihr Kind den Kontakt zu Ihnen wieder verstärkt aufnimmt, sollten Sie auf sich und Ihre Grenzen achten.

Position beziehen und herzlich halten

Für die Kommunikation zweier erwachsener Menschen ist es ertragreich, wenn jeder seine Werte und Standpunkte für sich persönlich kennt. Die können auf verschiedensten Ebenen liegen:

- **Persönliche Werte:** Ihre Vorstellungen rund um Ethik und Moral bestimmen ihr Familienleben und Ihre Kommunikation in allen Lebensbereichen. Diese Werte sind tief in Ihrem Charakter verankert. Sie sind Bestandteil Ihrer Biografie. Sie bieten Ihnen einerseits Rückhalt und charakterliche Stärke, andererseits finden Sie hier auch Glaubenssätze, die Sie daran hindern können, neue Sichtweisen anzunehmen.
- **Religiöse Werte:** Der Glaube und die Ausrichtung an einer Religion können eine große Unterstützung im Leben sein. Über diese Werte lässt es sich schwer diskutieren, sobald die Ebene des persönlichen Glaubens erreicht wird.
- **Politische Werte:** Die politischen und gesellschaftlichen Werte speisen sich aus den persönlichen Werten. Wenn eine gute Diskussionskultur vorliegt, dann können Gespräche über diese Werte zu neuen Erkenntnissen und intellektuellem Wachstum führen.

Alle drei Wertekategorien haben eine Gemeinsamkeit: Sobald etwas zur Glaubensfrage wird, ist ein offener Dialog nicht mehr möglich. Deshalb ist es für Sie persönlich wichtig zu wissen, bis wohin Sie gesprächsbereit sind und ab wann eine persönliche Grenze greift. Erst recht, wenn Ihr Kind andere Werte und Sichtweisen vertritt und das ein Anlass für die bisher gestörte Eltern-Kind-Beziehung war.

POLITIK ALS DAUERSTREITTHEMA

Der Bruch zu seinen Eltern vollzog sich bei Jan (27), als er mit 20 Jahren in eine radikale Partei eintrat. Er kämpft seitdem auf Demos und bei Wahlveranstaltungen für seine Ansichten, die sich deutlich von der gesellschaftlichen Mehrheitsmeinung abgrenzen – bis an den Rand der Legalität.

Für seinen Vater Rolf (66) ist das schwer ertragbar. Er ist Anhänger einer klassischen Volkspartei und hat kein Verständnis für die Radikalität seines Sohnes. Seit Jahren herrscht Funkstille zwischen den beiden. Bei den wenigen Treffen, die es gab, flogen sehr schnell die Fetzen zwischen ihnen; erst recht, wenn Alkohol mit im Spiel war.

Jetzt wird Jan selbst Vater und sucht die Annäherung zu seinen Eltern. Er möchte gerne, dass sein zukünftiges Kind Großeltern hat. Rolf freut sich sehr darüber. Gleichzeitig hat er Angst, dass die politischen Differenzen das Verhältnis wieder eintrüben werden. Er beschließt, ein Gespräch mit Jan zu führen.

„Hör mal Jan, ich freue mich, dass ich Opa werde. Das ist keine Frage. Können wir die Politik nicht einfach aussparen aus unseren Gesprächen?"

Jan kontert sofort: „Wie stellst du dir das vor? Alles ist politisch. Ich werde mich doch nicht verleugnen, damit du in Ruhe Opa sein kannst!"

„Schade, dass du diese Haltung hast. Ich bin bereit dich und dein Kind als Vater und Opa zu unterstützen, wenn die Politik in unseren Begegnungen außen vor bleibt. Überleg es dir noch einmal, ob es nicht doch für dich geht."

Das Aussparen von Themen, bei denen man nicht auf einen gemeinsamen Nenner kommt und die Gespräche darüber in Kämpfe, Frust und Entfremdung enden, ist eine legitime Methode. Es sind die berühmten Minenfelder, die es innerhalb von Familien gibt. Alkohol löst die Zungen und kann dazu führen, das Minen hochgehen. Achten Sie daher auf das für alle verträgliche Maß im Rahmen von Besuchen und Familienfesten.

Unterschied von Respekt und Toleranz

Uneinheitliche Meinungen und Werte gehören zu jedem Familienalltag dazu. Im Idealfall schaffen Sie es, sich gegenseitig zu respektieren. Respekt bedeutet Anerkennung und Wertschätzung. Eine respektvolle Kommunikation drückt sich durch folgende Haltungen aus:

- Ich sehe dich.
- Ich höre dir zu.
- Ich versuche, dich zu verstehen.
- Ich lasse dich so, wie du bist.

Toleranz basiert maßgeblich auf dem letzten Punkt: Ich lasse dich, so wie du bist. Tolerieren bedeutet nicht automatisch, dass Sie Ihr Kind verstehen wollen und dessen Meinungen wertschätzen. Sie können und sollten Ihre Abneigung dagegen klar und deutlich äußern, wenn Ihnen danach ist. Das ist okay, solange Ihr Kind trotzdem so sein darf, wie es ist.

Auf den Punkt gebracht: **Respekt beinhaltet Toleranz – Toleranz beinhaltet nicht notwendigerweise Respekt.** Werden Sie sich klar, ob Sie die Art und Weise des Lebens Ihres Kindes sowie seine politischen und religiösen Werte tolerieren oder respektieren wollen.

Im Falle der Toleranz bietet es sich an, gewisse Themen innerhalb der Kommunikation und bei Begegnungen auszusparen. Nach dem Motto: Ich weiß, wie du tickst. Das darf sein. Doch ich will damit nicht behelligt werden. Diese Abgrenzung ist okay. Für Ihr Kind kann es sogar erleichternd sein, wenn die ewigen Kämpfe ausbleiben.

Im Falle des Respektierens gehen Sie einen Schritt weiter. Sie lassen sich auf die Welt Ihres Kindes ein. Sie werden einigem nicht zustimmen, einiges werden sie aktiv ablehnen, doch das Interesse ist da. Themen werden nicht ausgelagert, sondern vorsichtig besprochen. (Wie das gelingen kann, lasen Sie schon im Kapitel *1x1 guter Eltern-Kind-Beziehungen* auf Seite 22.)

Sich als Großeltern abgrenzen

Das Oma- und Opa-Werden gibt der Eltern-Kind-Beziehung neuen Schwung. Oft ist es ein Anlass für die Kinder, sich wieder verstärkt bei den eigenen Eltern zu melden. Für Sie sicherlich eine Freude. Gleichzeitig besteht die Gefahr, dass Sie vor Freude nicht auf Ihre eigenen Grenzen achten.

Um Ihre grundsätzliche Haltung als Großeltern zu erkennen, beantworten Sie – gerne im Dialog mit Ihrem Partner – folgende Fragen:

- Was für eine Oma/Opa möchte ich sein?
- Wie wollen wir unser Kind unterstützen?

Hören Sie dabei auf innere Stimmen und achten Sie auf Ihre Gefühle. Was fühlt sich gut an und was beklemmend? Welche Gedanken schossen Ihnen sofort durch den Kopf, wenn Sie sich die obigen Fragen stellen? Gibt es da innere Widersprüche?

Diese Klarheit ist wertvoll, für Sie und Ihr Kind. Sie beide können dadurch erkennen, woran Sie grundsätzlich sind – jetzt, wo Ihre Beziehung und Ihr Kontakt durch das Enkelkind neu entflammt.

Damit Sie sich nicht die Finger verbrennen, gilt es neben den obigen Haltungsfragen auch noch ganz konkrete Grenzen abzuklären:

- Was schaffen Sie körperlich?
- Was schaffen Sie zeitlich?
- Auf was in Ihrem bisherigen Leben, wollen Sie auf keinen Fall zu Gunsten des Enkelkindes verzichten?

Damit haben Sie ein gutes Gerüst, an dem sich Ihr Kind orientieren kann. Enttäuschungen werden dazugehören – genauso wie Überraschungen. Die Vielzahl der Fallstricke und Tipps für einen guten Umgang miteinander wurden bereits ausführlich erläuterte im Kapitel *Ihre Rolle als Oma und Opa* auf Seite 136.

ACHTEN SIE AUF IHRE GRENZEN

- Wenn der Kontakt zwischen Ihnen und Ihrem Kind wieder aufblüht, sollten Sie vor Freude nicht Ihre Grenzen vergessen.
- Bleiben Sie sich Ihren Werten und Ihrer Lebensweise treu – außer Sie wollen von sich aus etwas verändern.
- Ihr Kind hat dadurch den Vorteil zu wissen, woran es ist. Das bietet Sicherheit und eine stabile Basis für die neue Bezogenheit aufeinander.

Angebote und Einladungen für eine Annäherung

KIND **Seitdem das Gefühl der Verpflichtung weg ist, melde ich mich wieder gerne bei meinen Eltern.**
ELTERN **Wir haben unsere Haltung geändert. Wir warten nicht mehr darauf, dass sich unser Kind bei uns meldet, sondern fragen aktiv nach, wenn wir wissen wollen, wie es ihm geht – ohne Druck.**

Gelassene Eltern zu sein bedeutet, sein Kind zu lassen. Grundlage ist ein innerer Haltungswechsel als Mutter und Vater. *Mein Kind wird flügge* hieß das erste Kapitel in diesem Buch. Darin wurden die natürlichen Sollbruchstellen innerhalb der Evolution einer Eltern-Kind-Beziehung beschrieben (siehe Seite 11).

Der Verzicht auf Vorwürfe in Kombination mit einer klaren inneren Position bezüglich der eigenen Werte ist eine wunderbare Grundlage, um eine von Ihnen ausgehende Annäherung an Ihr Kind zu beginnen. Anstatt zu warten, sich zu grämen und sich ungerecht behandelt zu fühlen, geben Sie den Startimpuls. Sie sind dabei in sehr guter Gesellschaft. Der große indische Friedens- und Freiheitskämpfer Mahatma Gandhi (1869–1948) mag Sie ermutigen:
Sei du selbst die Veränderung, die du dir wünschst für diese Welt.

Abgewandelt auf Ihre Situation mag das Zitat lauten:
Sei du selbst die Veränderung, die du dir wünschst für den Kontakt zu deinem Kind.

Gespür und Ehrlichkeit zum Start

Es geht darum, vom Warten in die Handlung zu kommen. Jedoch nicht als Hauruck-Aktion, in dem Sie mit Druck Kontakt einfordern, sondern mit Gespür und Ehrlichkeit. Gespür für die Situation Ihres Kindes bedeutet:

- In welcher Lebenswelt befindet sich mein Kind?
- Welche Kontaktkanäle (Telefonat, Besuch, Messenger, E-Mail, Brief, Karte etc.) will ich wählen?
- Wann könnte ich stören?
- Wann könnte mein Kind Zeit für einen Kontakt haben?
- Weiß ich, welche Themen mein Kind nicht hören mag? Schaffe ich es, auf diese Themen zu verzichten?

Sie merken, es sind ganz konkrete Fragen. Jetzt könnten Sie sagen: „Was soll das denn? Es ist doch mein Kind, da kann ich doch erwarten, dass es sich mit mir beschäftigt und meinen Kontaktwunsch annimmt." Augenscheinlich macht Ihr Kind es aber nicht, sonst würden Sie dieses Buch nicht in der Hand halten.

Der potenzielle Einwand offenbart die kontaktverhindernde Haltung: „Ich kann doch erwarten, dass …". Damit bauen Sie Druck und das Gefühl einer Verpflichtung auf. Die Kontaktminderung oder der

Abbruch sind oft nichts anderes als eine entsprechende Schutzreaktion Ihres Kindes auf Ihren Druck und Ihre Erwartungshaltung.

Neben dem Gespür für Ihr Kind, empfiehlt es sich, dass Sie den Kontaktwunsch mit Ehrlichkeit über Ihre eigenen Gefühlswelten einläuten. Dazu müssen Sie Ihre Gefühle kennen:

- Welche Gefühle haben Sie, wenn Sie an Ihr Kind denken?
- Was fühlen Sie, wenn eine längere Kontaktpause vorhanden ist?
- Wie geht es Ihnen, wenn sich Ihr Kind meldet?

Es lohnt sich, hinter die Fassade der ersten Gefühlswallung zu schauen. Sie kennen es vielleicht noch aus der Zeit der Pubertät, wenn Ihr Kind zu spät nach Hause kam. Hinter dem Ärger über den Bruch der Vereinbarung steckt bei fast allen Eltern eine große Erleichterung, dass das Kind wohlbehalten wieder da ist. Gezeigt wurde höchstwahrscheinlich damals leider nur der Ärger und nicht das Gefühl dahinter.

Hier beginnt die empfohlene Ehrlichkeit Ihrem Kind gegenüber. Wenn Sie Ihr Kind erreichen wollen, dann sollten Sie sich zeigen. Bennen Sie Ihre Gefühlswelten und zeigen Sie somit, dass Sie es ernst meinen mit Ihrem Kontaktwunsch. **Beziehungen und Kommunikation funktionieren zu über 80 Prozent auf der emotionalen Ebene.** Wenn es dort eine Unwucht gibt, dann wird es zu keiner tragfähigen Annäherung kommen.

Verantwortung liegt bei Ihnen

Im fortgeschrittenen Alter begegnen sich Eltern und Kinder als Erwachsene – sollte man meinen. Sie bleiben immer die Mutter oder der Vater Ihrer Tochter oder Ihres Sohnes. Dies ist und bleibt ein Gefälle innerhalb der Beziehung. Die Frage der elterlichen Macht innerhalb einer Eltern-Kind-Beziehung wurde bereits ausführlich behandelt im Abschnitt *Übernahme von Verantwortung* im Kapitel *1x1 guter Eltern-Kind-Beziehungen* (Seite 22).

Kurz zur Erinnerung: Es dreht sich darum, dass Sie als Elternteil Ihre Macht anerkennen, annehmen und die Verantwortung für Ihr früheres und heutiges Verhalten übernehmen. **Die Qualität einer Eltern-Kind-Beziehung wird maßgeblich von Ihnen als Elternteil bestimmt** – entweder durch Ihr aktuelles Verhalten oder durch die Historie Ihrer Beziehung zu Ihrem Kind. Die beispielhaften Aussagen, wie Sie Verantwortung übernehmen können, lauten:

- **Vergangenheit:** „Ja, das war damals so. Ich habe mich so verhalten. Ich sehe, dass es dich hindert und heute noch beschäftigt. Das tut mir leid."
- **Gegenwart:** „Ich möchte die Beziehung zu dir verändern. Was kann ich jetzt tun, damit es für dich leichter wird?"
- **Zukunft:** „Ich werde mein Verhalten überprüfen und mir falls nötig Hilfe holen, damit ich meine Verhaltensmuster in den Griff bekomme. Du bist mir wichtig."

Konkrete erste Schritte

Sie haben ein Gespür für den richtigen Zeitpunkt und Kanal für die Kontaktaufnahme entwickelt? Sie kennen Ihre Gefühlswelten? Sie sind bereit, die Verantwortung für die Qualität der Beziehung zu übernehmen? Dreimal Ja? Dann können Sie starten! Falls Sie bei den Fragen noch Zweifel spüren, heißt das nicht, dass Sie nicht auch starten können. Sie sollten dabei aber sehr auf sich achten – gerade in Bezug auf Ihre Gefühle und der Bereitschaft, Verantwortung zu übernehmen. Eventuell ist es ratsam, langsamer und vorsichtiger vorzugehen.

Verinnerlichen Sie sich eine ganz elementare Erkenntnis: Es gibt keine Garantie, dass es gelingen wird! Alles was Sie tun können, ist ein Angebot und eine Einladung auszusenden oder auszusprechen. Wie Ihr Kind sich entscheidet und reagiert, liegt außerhalb Ihrer Macht und Ihres Einflussbereichs. Doch den ersten Schritt können

Sie machen. Folgende kleine Checkliste unterstützt Sie, den richtigen individuellen Weg zu wählen:

- Wollen Sie einen virtuellen, telefonischen oder persönlichen Kontakt?
- Gibt es Anlässe wie anstehende Geburtstage, Familienfeiern, Jahrestage etc., die sich für Ihr Vorhaben anbieten?
- Wollen Sie alternativ bewusst jenseits von äußerlichen Anlässen ein zwangloses Gesprächsangebot senden?

Wofür Sie sich auch entscheiden, behalten Sie Ihre wörtliche oder schriftliche Formulierung im Blick. Es hat eine ganz andere Wirkung, wenn Sie sagen:

- „Ich möchte dich gerne zum Essen einladen“ statt „Wann kommst du mal wieder zum Essen vorbei?“
- „Ich möchte gerne einmal mit dir plaudern“ statt „Wieso meldest du dich nicht?“
- „Ich habe Lust, dich über Ostern zu besuchen. Ist das okay und passend für dich?“ statt „Ostern komme ich vorbei.“

DAS WESEN VON ANGEBOTEN UND EINLADUNGEN

- Angebote und Einladungen sind offen. Der Empfänger – Ihr Kind – kann frei entscheiden, ob er sie annehmen möchte oder nicht.
- Formulieren Sie Kontakt-Angebote in einer Ich-Botschaft.
- Zeigen Sie Ihre Bedürfnisse und Wünsche – ohne die Erfüllung einzufordern.

WAS SIE JETZT TUN KÖNNEN

Sind Sie unglücklich über den Status Ihrer Eltern-Kind-Beziehung? Der Schlüssel zur Veränderung liegt in Ihrer Hand – nutzen Sie ihn!

Unverständnis und Vorwürfe sind zwei Dauerbegleiter bei Eltern, deren Kinder sich weniger als gewünscht melden. Mütter und Väter, die sich hier versteifen, kommen nicht weiter mit dem Wunsch, eine Veränderung einzuleiten. Die Sehnsucht nach Ihrem Kind bleibt eine Sehnsucht.

Wenn Sie jedoch konkrete Schritte gehen wollen, dann werden Sie persönliche Höhen und Erkenntnisse sowie Tiefen und Enttäuschungen erleben. Das gehört dazu. **Eine zentrale Enttäuschung könnte sein, dass nur Sie sich mehr Kontakt wünschen.** Ihr Kind ist ganz zufrieden mit der Beziehung zu Ihnen, fühlt sich wohl und hat keinen Bedarf an einer Intensivierung des Kontakts.

Ist dies der Fall, dann liegt Ihr Weg im Loslassen Ihrer Sehnsucht. Stellen Sie sich dem, was sich dahinter verbirgt. Es könnte sein, dass Sie dort Einsamkeit, Erinnerungen an erfahrene Ablehnungen oder den Wunsch nach Anerkennung finden. Vielleicht auch etwas ganz anderes. Das ist – wie so vieles bei dem Thema Kontaktminderung – hoch individuell. Vertrauen Sie Ihrem Gespür und keiner Checkliste.

Sollte sich Ihr Kind analog zu Ihnen eine andere Beziehung zu Ihnen wünschen, dann ist der Weg vermeintlich einfacher, da ja sie beide nur aufeinander zugehen müssen. Da Sie dies bisher nicht taten oder konnten, legt die Vermutung nahe, dass es unausgesprochene und nicht gefühlte Hindernisse gibt. Diese zu erkennen, zu benennen und vorwurfsfrei zu kommunizieren, ist eine hohe Kunst. Die können Sie erlernen!

Selbstreflexion als hilfreicher Begleiter

KIND **Meine Mutter ist ruhiger und weniger fordernd geworden.**
MUTTER **Seit ich erkannt und angenommen habe, dass meine Bedürftigkeit mit mir und nur mit mir zu tun hat, kann ich meine Tochter viel besser ziehen lassen.**

Ihre mögliche Unzufriedenheit und Ihr Unwohlsein sind berechtigt – zumindest in Ihrer Welt. Denn es sind Wegweiser dafür, dass etwas in Ihnen nicht im Lot ist. Folgen Sie dieser Spur und Sie werden Neues über sich erfahren. Die Selbstreflexion, also das prüfende Nachdenken und Hinterfragen der eigenen Gedanken und des eigenen Verhaltens, öffnet Ihnen die Tür zu Veränderung.

Erster Schritt: Selbstbeobachtung

Die Anfangshürde besteht darin, sich im Denken, Fühlen und Handeln selbst beobachten zu können. Das sind wir nicht gewohnt. Sehr häufig sind Sie im Moment der Aktion identisch mit Ihrem Gefühl und Ihren Gedanken. Die Selbstbeobachtung konzentriert sich auf drei Ebene:

- Ihre Gedanken
- Ihre Körperempfindungen
- Ihre Gefühle

Die Grundidee ist, dass Sie sich nicht mit Ihren Gedanken, Körperempfindungen und Gefühlen identifizieren, sondern diese nur wahrnehmen – ohne sich davon steuern zu lassen. Sie sind nicht der Gedanke „Mein Kind ist undankbar!". Sie nehmen war, dass dieser Gedanke Ihnen durch den Kopf wandert. Es gibt einen

Abstand zwischen Ihnen als Mensch und dem, was Ihr Geist Ihnen als Gedanke präsentiert.

Hilfreich bei Gedanken ist das Aufschreiben oder die Sprachmemo im Smartphone. Damit geben Sie den Gedanken ab; Sie werden schnell feststellen, wie flüchtig ein Gedanke ist, wenn er nicht festgehalten wird. Zugleich steht der nächste Gedanke bereit, um Sie zu inspirieren oder zu nerven.

Das gilt auch für Ihre Körperempfindungen und Gefühle. Ihr Kind ruft nicht wie erwartet an. Sie spüren eine Unruhe im Magen (Körperempfindung) und Angst (Gefühl). Auch hier machen Sie sich bewusst: Sie sind nicht das Magenzwicken und nicht die Angst. Beides ist da und ein Teil von Ihnen. Doch Sie sind mehr – unter anderem der Beobachter dieser Phänomene.

ANLEITUNG ZUR SELBSTBEOBACHTUNG

Selbstbeobachtung ist nicht schwer. Suchen Sie sich einen ruhigen Platz, setzen Sie sich bequem hin und achten Sie einfach auf das, was kommt:

- Welcher Gedanke taucht auf?
- Welches Bild entsteht?
- Welche Erinnerung steigt auf?
- Wie fühlt sich Ihr Körper an?
- Wo spüren Sie etwas?
- Verändert sich die Körperempfindung?
- Gibt es ein Gefühl, welches Sie benennen können?

Wichtig ist, dass Sie das Beobachtete nicht analysieren und bewerten. Nehmen Sie einfach wahr; betrachten Sie die Phänomene, die kommen und lassen Sie diese ziehen.

Mit der achtsamen Betrachtung Ihrer Gedanken- und Gefühlswelten sowie Körperempfindungen nehmen Sie diesen die Macht über Sie. Im Laufe der Zeit werden Sie feststellen, dass diese verpuffen – mal schneller und mal langsamer, je nach Intensivität.

Zweiter Schritt: Selbstoffenbarung

Je regelmäßiger Sie die Selbstbeobachtung ausführen, umso mehr wird diese in Fleisch und Blut übergehen. Am Anfang brauchen Sie eine bewusste Auszeit, um zu beobachten und zu spüren, was in Ihnen passiert. Später werden Sie feststellen, dass Sie sich in Ihren Aktionen und Reaktionen parallel beobachten können. Das ist ein großer Schritt in Richtung Veränderung!

Für Ihre Kommunikation mit Ihrem Kind ist dies eine riesige Chance. Statt Ihrem Gefühl von Frust oder Trauer nachzugeben und Ihr Kind mit Vorwürfen zu begrüßen, können Sie Ihr Kind teilhaben lassen an dem, was in Ihnen geschieht.

Selbstoffenbarung ist eigentlich ganz einfach: Sprechen Sie aus, was gerade in Ihnen vorgeht. Die Hürden sind oft Scham und Angst vor Ablehnung. Auf der anderen Seite ist die Selbstoffenbarung ein authentisches Beziehungsangebot. Konkret geht es darum, dass Sie Ihre Gedanken, Körperempfindungen und Gefühle in Worte fassen. Indem Sie diese benennen, schaffen Sie gleichzeitig einen Abstand dazu:

- „Mir schoss gerade ein Bild durch den Kopf, wie du noch klein warst und immer auf meinen Schoß wolltest."
- „Ich spüre einen Kloß in meinem Hals."
- „Ich werde gerade traurig."

Wichtig ist, dass Sie immer klar machen, dass dies eine Selbstbeobachtung ist, die Sie laut äußern – mehr nicht. Kinder, auch bereits erwachsene Kinder, neigen leider dazu, sich für die Gedanken und Gefühle der Eltern verantwortlich zu fühlen. Kein Kind möchte unglückliche Eltern haben. Deshalb darf die Selbstoffenbarung nie in eine Schuldzuweisung münden. Wenn Sie einen Hang hierzu haben, dann sollten Sie die Selbstoffenbarung vor Ihrem Kind vermeiden.

Die Selbstoffenbarung ist richtig angewandt ein großes Geschenk an Ihr Kind. Wenn Sie Glück haben, dann nutzt Ihr Kind die Gunst der Stunde zur eigenen Selbstoffenbarung. Sie kommen somit in einen

offenen Dialog, verlassen eingefahrene Kommunikationswege und können sich neu begegnen. Ein kurzer Mutter-Sohn-Dialog als Beispiel:
Mutter: „Schön, dass du anrufst. Ich spüre gerade, dass ich mich echt freue. Gleichzeitig ist da ein Gedanke, dass ich dir die Freude nicht zeigen darf, denn du meldest dich ja viel zu wenig."
Sohn: „Verstehe ich nicht."
Mutter: „Nun, ich glaube, dass ich dir eher kühl begegne, wenn du dich meldest. Ich kann dir meine Freude nicht zeigen, denn die hast du nicht verdient. Das klingt blöd, ich weiß. Doch das schwirrt in meinem Kopf rum. Hat mit mir zu tun. Meine Mutter hat immer gesagt, dass man sich nie zu früh freuen dürfe. Da habe ich wohl einen Glaubenssatz übernommen, der oft immer noch zwischen uns steht."
Sohn: „Puh. Das überfordert mich gerade. Damit habe ich nicht gerechnet. Irgendwie schön, dass du mir das sagst, denn ich habe deine unterkühlte Reaktion nie so richtig verstanden. Das hat mich oft traurig gemacht, deshalb rufe ich auch nicht so oft an."

Mit der erklärenden Selbstoffenbarung hat die Mutter eine neue Dimension innerhalb der Beziehung eröffnet. Ihr Sohn hört, dass der Grund der Kühle nicht an ihm liegt, sondern aus der mütterlichen Biografie herstammt. Gleichzeitig offenbart er seine Trauer und zeigt sich damit seiner Mutter gegenüber authentisch. Ohne viele Worte haben beide auf der emotionalen Beziehungsebene einen Schritt aufeinander zugehen können. Es lohnt sich!

ERKENNE DICH SELBST

Die Selbsterkenntnis ermächtigt Sie, sich zu verändern. Der Prozess ist nicht immer einfach und mit Schmerzen, aber auch mit Aha-Erlebnissen und Freude verbunden. Zwei hilfreiche Werkzeuge sind:

- **Selbstbeobachtung:** Wertfreies Erforschen der eigenen Gedanken, Körperempfindungen und Gefühle
- **Selbstoffenbarung:** Benennen und achtsames Formulieren der eigenen Selbstbeobachtung

Konflikte anerkennen – Verantwortung übernehmen

KIND **Wir kennen unsere familiären Minenfelder und umschiffen sie wunderbar.**
ELTERN **Seitdem wir unsere Konflikte benannt haben, können wir diese einfach stehen lassen.**

Es gibt keine einhundertprozentige Harmonie im Familienleben. Konflikte, Meinungsverschiedenheiten und Streitigkeiten gehören dazu. Das ist in jedem Beziehungsleben so. Innerhalb der Familie kommt noch die nicht kündbare Verbindung als Eltern und Kind dazu. Deshalb lohnt es sich genau hinzuschauen, was los sein könnte. Eine detaillierte Anleitung dazu fanden Sie in den zwei Kapiteln *Kontaktminderung verstehen lernen* (Seite 41) und *Typische Ursachen für Entfremdung* (Seite 59).

Konflikte dürfen sein

Konflikte gehören zu jedem Beziehungs- und Familienleben dazu. Es kann nur Minuten oder Stunden dauern, um ein Problem zu lösen. Wenn Sie Pech haben, brauchen Sie Tage, Wochen oder Monate dafür.

Manchmal ist auch keine für beide Seiten tragfähige Lösung in Sicht. In dem Fall gilt es, den Konflikt oder das Missverständnis auszuhalten. Die Unwucht in der Eltern-Kind-Beziehung darf sein.

Überprüfen Sie, auf welcher Ebene der Konflikt liegt:
- Sachebene (Meinungen zu Politik, Gesellschaft etc.)
- Beziehungsebene (Gefühle, Glauben etc.)

Sehr häufig vermischen sich die Ebenen im Streitfall. Sie können über die Sachebene aneinandergeraten und stellen fest, dass die Art und Weise der Auseinandersetzung Ihnen merklich zusetzt. Sie sind emotional betroffen. Nicht unbedingt vom Sachthema, sondern zum

Beispiel über die Vehemenz, wie Ihr Kind ein Thema vorträgt. Jetzt sind Sie auf eine Mine gestoßen. Das kann und wird Ihrem Kind übrigens mit Ihnen genauso gehen. Jeder trägt seine Minen oder Triggerpunkte in sich, die beim Hochgehen die Beziehungskultur belasten oder gar zerstören können.

„LANGSAM TICKT DIE BOMBE"

Paula (62) kennt gescheiterte Telefonate mit ihrer Tochter zur Genüge: „Wir beginnen erst mit einem kurzen Austausch darüber, was wir in der Woche erlebt haben. Wenn meine Tochter von ihrem Erziehungsstil erzählt, kann ich einfach nicht ruhig bleiben. Ich weiß, ich sollte es nicht machen, doch ich fange an, ihr ungefragt Tipps zu geben. Ich meine es doch nur gut. Für sie ist es immer eine Einmischung. Sie hat mich deswegen sogar einmal angeschrien und wir hatten knapp drei Monate Telefonpause. Das war schlimm für mich."

Die Sicht von Paulas Tochter eröffnet eine weitere Dimension: „Meine Mutter war Lehrerin. Sie kommt da anscheinend nicht aus ihrer Haut raus. Das war als Kind schon so für mich. Andauernd musste alles pädagogisch wertvoll sein. Das war und ist total anstrengend. Ich merke richtig, wie die Bombe in unseren Gesprächen tickt. Einmal ist sie dann auch bei mir explodiert. Ich habe sie angeschrien in der Hoffnung, dass sie endlich kapiert, dass sie zu weit geht. Hat nicht wirklich geholfen. Danach hatten wir Funkpause von ungefähr drei Monaten. In der Zeit haben sich die Gemüter wieder beruhigt."

Wenn Paula und ihre Tochter sich die obigen Sätze in einer ruhigen Minute sagen würden, dann könnten sie sehr viel gewinnen. Beide merken, dass sie emotional angefixt werden, wenn es um das Thema Erziehung geht. Paula vermischt ihre Mutterrolle mit ihrer alten Profession als Lehrerin; ihre Tochter spürt sich plötzlich an ihre eigene Kindheit erinnert und empfindet eine Grenzverletzung im erwachsenen Alter als Mutter eigener Kinder.

Um diesen Mutter-Tochter-Konflikt zu lösen, wird es viel Zeit brauchen. Es ist nicht absehbar, welche weiteren Gefühle und Erinnerungen unter der Oberfläche schlummern.

Um in einen guten Kontakt zueinander zu kommen, reicht es, das Konfliktpotenzial beidseitig anzuerkennen. Das ist eine Gemeinsamkeit, auf die Sie sich berufen können, wenn die Stimmung kippt: Hier ticken wir unterschiedlich und wissen, dass wir bisher keine Lösung gefunden haben. Deshalb lass uns das Thema wechseln. Wichtig hierbei ist, dass jeder seinen Teil der Verantwortung trägt.

Verantwortung klar teilen und übernehmen

Verantwortung zu übernehmen, bedeutet die Bereitschaft zu haben, für die Folgen des eigenen Handelns einzustehen. Für das Beispiel von Paula und ihrer Tochter könnte ein Ausweg aus der Sackgasse mit dem Namen Kinder-Erziehung wie folgt aussehen:
Paula: „Ich erkenne an, dass ich gegen den Willen meiner Tochter Erziehungstipps gebe."
Tochter: „Ich weiß, dass ich meine eigenen Kindheitsgefühle mit dem Hier und Jetzt als erwachsene Frau und Mutter vermenge. Daher reagiere ich ungehalten und manchmal nicht nachvollziehbar auf die mütterlichen Tipps."

In beiden Fällen wird der persönliche Anteil am Konflikt benannt. Darin liegt die Übernahme der Verantwortung für das eigene Tun. **Das befreit das Gegenüber ungemein, denn dieses kann sich jetzt seiner Verantwortung stellen;** es ist nicht damit beschäftigt, eine fälschliche Übertragung der Verantwortung abzuwehren.

Paula und ihre Tochter könnten das Thema zukünftig wie folgt handhaben:
Tochter: „Liebe Mama, immer wenn ich Tipps von dir höre, merke ich, dass ich innerlich verkrampfe, ärgerlich werde und dichtmache. Das möchte ich eigentlich nicht."

Paula: „Ja, das spüre ich. Ich weiß auch in dem Moment, dass ich zu weit gegangen bin. Die Lehrerin steckt einfach so tief in mir drin. Lass uns doch einen Code erfinden, mit dem du mich vorher warnen kannst, dass ich für dich übergriffig werde. Denn der Kontakt zu dir ist mir sehr wichtig. Ich möchte den nicht aufgrund dieses einen Konfliktes verlieren."

MIT UNGELÖSTEN KONFLIKTEN LEBEN, DAMIT KONTAKT MÖGLICH IST

- Wenn Sie und Ihr Kind beide genervt sind von einem Thema oder einer Situation, dann ist es folgerichtig, dieses zu meiden.
- Das fällt einfacher, wenn Sie vorher gemeinsam anerkannt und benannt haben, dass Sie ein Konfliktpotenzial haben.
- Durch das Benennen der eigenen Anteile an einem Konflikt übernehmen Sie Verantwortung für sich. Das gibt Ihrem Gegenüber die Chance, sich aus einer Verteidigungshaltung zu lösen. Kontaktminderung oder -abbruch ist nämlich oft eine Art Schutzwall.
- Sie lösen somit nicht den eigentlichen Konflikt. Doch Sie machen diesen aushaltbar und ohne Gesichtsverlust tragbar. Das Ziel wäre, dass Sie beide damit leben können, einen ungelösten Konflikt zu haben.

Blick nach vorne richten

KIND Wir haben eine schwierige Zeit hinter uns. Irgendwann hat es sich entspannt. Ich spreche wieder gerne mit meinen Eltern. Wir unterhalten uns aber auch nur noch über das Hier und Jetzt. Die Vergangenheit ruht.

ELTERN Wir haben uns sehr an dem Lebensstil unseres Sohnes gerieben. Freunde von uns haben gesagt, wir sollten ihn in Ruhe lassen. Das ist uns gelungen, in dem wir uns abgelenkt haben. Langsam fing er an, sich wieder öfter zu melden. Heute ist es richtig gut zwischen uns.

Die Zeit heilt alle Wunden. Dieser Spruch stimmt leider nicht immer. Es hängt von der Tiefe und Art der Verletzung ab. Leichte Konflikte, Meinungsverschiedenheiten und lebensphasenabhängige Auseinandersetzungen (zum Beispiel in der Pubertät) geraten sicherlich in Vergessenheit und haben ein Selbstheilungsgen in sich.

Tiefe Verletzungen und Entfremdungen aus der Kindheit begleiten Sie und Ihr Kind lebenslänglich. Durch Selbstanalysen, Reflexionen und externe Hilfe, wie einem psychologischen Berater oder Therapeuten können Sie und Ihr Kind einen entsprechenden Umgang damit finden. Die Kontaktminderung ist auch eine Reaktion auf diese nicht selbstheilenden emotionalen Wunden.

Umgang mit der Vergangenheit

Damit Ihnen gemeinsam der Blick nach vorne gelingt, ist es hilfreich, die Wunden anzuerkennen, zu benennen und dann in Ruhe zu lassen – sofern diese Ihr heutiges Leben nicht wesentlich beeinträchtigen. Bildlich gesprochen: Lassen Sie Luft an die Wunde und respektieren Sie die Narbe, die sich bildet.

„ICH KANN DIE UHR NICHT ZURÜCKDREHEN"

Susanne (57) hätte gerne, dass sich ihre Tochter öfter meldet. Bei einem der seltenen Besuche fragt sie nach: „Wieso kommst du so wenig zu Besuch, beziehungsweise rufst so selten an? Wenn ich mich melde, habe ich immer das Gefühl, dich zu stören. Kannst du mir sagen, was los ist?"

„Ja, Mama. Das kann ich!", lautet die sofortige wütende Reaktion. „Du hast mir früher nie zugehört, wenn ich mit meinen Problemen zu dir kam. Und heute willst du, dass ich dir zugeneigt bin. Wieso? Für mich gibt es keinen Grund!"

Susanne muss schlucken und spürt, dass sich ein Kloß in ihrem Hals bildet. Sie erinnert sich an einen Tipp aus Ihrem Achtsamkeitskurs. Benenne was ist.

Sie antwortet: „Ich merke gerade, dass sich bei mir ein Kloß im Hals bildet. Eine Mischung aus Trauer und Unverständnis zu dem, was ich von dir gehört habe.“

Susanne macht eine kurze Pause und fährt fort: „Es stimmt, dass ich früher sehr angestrengt von meinem Beruf, der Beziehung zu deinem Vater und überfordert in der Rolle als Frau und Mutter war. Da hast du einiges von meinem Frust in Form von Nichtbeachtung abbekommen. Das tut mir heute von Herzen leid. Doch ich kann die Uhr nicht zurückdrehen. Ich wünsche mir heute, dass dies nicht zwischen uns steht und du mir eine neue Chance als Mutter gibst, die sich für dich interessiert.“

Ihre Tochter schaut Susanne irritiert an. „Du glaubst gar nicht, wie lange ich darauf gewartet habe, dies zu hören“, sagt sie mit zitternder Stimme. „Mama, ich liebe dich doch auch, nur tut es mir auch sehr weh, wie es früher als Kind für mich war. Dieses Gefühl kommt oft bei einem Telefonat oder Besuch wieder hoch. Das will ich nicht fühlen, daher melde ich mich kaum.“

Susanne nimmt ihre Tochter in den Arm: „Das verstehe ich sogar. Ich würde das Gleiche tun. Lass uns versuchen, sobald das alte Gefühl hochkommt, einen neuen Umgang damit zu finden. Gib mir ein Zeichen, wenn es dir zu viel ist. Ich habe auch dazu gelernt und werde es achten. Was denkst du?“

„Ein Versuch ist es auf jeden Fall wert“, lautet die Antwort.

In diesem Beispiel finden Sie die Essenz der Tipps und Impulse aller vorherigen Kapitel gebündelt wieder:

- Anerkennung der aktuellen und vergangenen Situation
- Selbstoffenbarung der eigenen Gefühle und Gedanken
- vorwurfsfreie Übernahme von Verantwortung der eigenen Anteile an der Situation
- Bitte um Verzeihung für vergangenes Leid
- Angebot für eine neue erwachsene Eltern-Kind-Beziehung

So könnte der Fahrplan für einen Neubeginn aussehen.

Stolperfallen beim Neustart

Das Neue basiert auf der gemeinsamen Geschichte, die sie als Mutter, Vater und Kind haben. Dieses Verhältnis lässt sich auch nicht aufkündigen. Bitte versuchen Sie den Neustart auch nicht einzuleiten in dem Sie plötzlich der Meinung sind, Sie wären nur noch eine Art beste Freundin oder bester Kumpel für Ihr Kind (vergleiche hierzu den Abschnitt *Grenzenlosigkeit und Überbehütung* im Kapitel *Typische Ursachen für Entfremdung* auf Seite 59).

Was Sie definitiv sein können, ist eine Mutter und ein Vater, die bzw. der seinem Kind erwachsen gegenübertritt und sein Kind auch als eigenständige, erwachsene und selbstverantwortliche Person respektiert. Die Kommunikation wird folglich sofort in einem freundschaftlichen Modus und Tonfall stattfinden. Die Beziehung zueinander bleibt hingegen eine Eltern-Kind-Variante – mit der lebenslänglichen Verbundenheit und gegenseitigen Abhängigkeit.

Sie werden feststellen, dass es Themenfelder gibt, die ein Kind nicht so gerne von seinen Eltern im Detail hört.

Dazu zählen im Wesentlichen:
- elterliche Beziehungsprobleme
- elterliche Sexualität
- gegenseitige Abwertungen und Vorwürfe der Eltern

Solche Themen gehören eher in Ihren Freundeskreis und nicht auf die Agenda im Kontakt zu Ihrem Kind. Kinder hören sich das manchmal aus Verbundenheit an, doch die wenigsten sagen, dass es Ihnen guttut. Die mögliche Kontaktminderung als Selbstschutz steht wieder vor der Tür.

NEUSTART BEGINNEN

Den Blick nach vorne richten, ohne die Verletzungen aus der Vergangenheit und heutige Minenfelder aus den Augen zu verlieren?

So geht´s:

- Würdigen Sie die gemeinsame Geschichte als Elternteil und Kind – das Gute wie das Schlechte.
- Benennen Sie offene Fragen und nicht verheilte Wunden.
- Übernehmen Sie Verantwortung für Ihren Anteil an der bisherigen Beziehungskultur.
- Bitten Sie um Verzeihung, falls die Wunde Ihr Kind noch sehr schmerzt. (Achtung: Dies müssen Sie wirklich so meinen, ansonsten reißen alte Wunden wieder auf.)
- Überlegen Sie gemeinsam, wie eine neue erwachsene Beziehungskultur für Sie beide stimmig sein könnte.

Die richtige Hilfe finden

KIND **Ich unterhalte mich sehr viel mit meinem Partner über mein Verhältnis zu meinen Eltern. Das hilft ungemein.**
MUTTER **Ich merke immer mehr, dass ich einen ganz schön großen Rucksack an eigenen Themen mit mir rumschleppe. Dafür habe ich mir jetzt therapeutischen Rat gesucht.**

Eine belastende Eltern-Kind-Beziehung kostet Energie und strengt an. Egal, ob Sie sich aufregen oder verdrängen. Um in das Stadium einer Gelassenheit zu kommen, braucht man Geduld, Selbstreflexion und die Bereitschaft, sich den eigenen Themen, wie unerfüllte Bedürfnisse und erlebte Verletzungen, zu stellen.

Der komplette Kontaktabbruch – vielleicht sogar gefühlt aus dem heiteren Himmel – ist ein Schock. Das verdauen Sie nicht einfach so. Die quälende Frage nach dem Wieso treibt die Betroffenen jahrelang um. Im Falle einer Kontaktminderung stehen Sie zumindest im

Austausch mit Ihrem Kind. Es gibt noch den Kommunikationspfad, den Sie gehen können, um das Verhältnis zu klären und zu ändern.

In beiden Fällen ist es ungemein hilfreich, sich gezielt Unterstützung und Begleitung zu suchen. Das ist kein Ausdruck von Schwäche und Scheitern im Sinne von „Ich habe es nicht geschafft“, sondern ein Beweis Ihrer inneren Stärke und Selbstfürsorge im Sinne von „Ich kümmere mich um mich“.

Erste Hilfe finden

Im Notfall brauchen Sie erste Hilfe. Der Notfall tritt ein, wenn Sie Angst, Frust, Trauer oder Verzweiflung in Bezug auf Ihre Eltern-Kind-Beziehung spüren. Sie brauchen jetzt keinen Rettungswagen, doch höchstwahrscheinlich ein Gespräch mit einem mitfühlenden Menschen. Naheliegend könnte hierfür in Frage kommen:

- Ihr Partner
- ein Mitglied aus der Familie
- eine gute Freundin oder ein guter Freund

Neben dem akuten Gespräch bieten Bücher sowie Internetangebote (siehe hierzu auch Empfehlungen im *Anhang* auf Seite 196) weitere erste Ankerpunkte, um mit der Situation zurechtzukommen und sich zu stabilisieren.

Hilfe für tiefere Themen und nachhaltige Veränderungen

Manchmal reichen die Gespräche mit Wohlgesonnenen sowie Impulse und Tipps aus Ratgeberbüchern, um eine Änderung einzuleiten. Es kann jedoch auch sein, dass Sie merken, dass unter der Oberfläche noch viel mehr brodelt. Eventuell fühlen Sie sich zusätzlich missverstanden in den Gesprächen und die Tipps aus Büchern und dem Internet treffen nicht den individuellen Kern bei Ihnen. **Zögern Sie nicht, sich jetzt professionelle Hilfe zu suchen.**

Bitten Sie vertrauenswürdige Personen um eine Empfehlung für einen Coach, psychologischen Berater oder Therapeuten. Sie werden feststellen, dass Sie nicht alleine sind in Ihrem Familien- oder Freundeskreis. Oft hat jemand selbst schon einmal Unterstützung gebraucht und gefunden.

Wenn Sie so nicht fündig werden, dann können Sie gezielt im Internet suchen. Es gibt eine Vielzahl an Datenbanken, die Coaching-Anbieter und Therapeuten listen. Überprüfen Sie die Methodik und Philosophie des Anbieters. Diese sollten auf der Homepage stehen oder sich in Veröffentlichungen wiederfinden. Entsprechen diese Ihren Vorstellungen? Vereinbaren Sie auf jeden Fall ein telefonisches oder persönliches Vorgespräch, bevor Sie sich entscheiden.

CHECKLISTE FÜR UNTERSTÜTZUNG

So erkennen Sie, ob Sie sich in einem guten Coaching- oder Therapie-Prozess befinden:

- Wird mir offen und mit Empathie zugehört? (JA)
- Sind die Fragen so offen gestellt, dass Spiel- und Ausdrucksraum für meine Antworten vorhanden sind? (JA)
- Habe ich das Gefühl, mir wird eine Sicht und Meinung aufgedrängt? (NEIN)
- Formuliere ich die Antworten zu meinen Themen oder tut es der Coach/Therapeut? (ICH)
- Erzählt der Coach/Therapeut, wie er meine Themen für sich gelöst hat, und bietet mir diese Lösung an? (NEIN)
- Wird der Coach/Therapeut emotional und übt Druck aus, weil ich nicht so reagiere, wie er es sich wünscht? (NEIN)
- Erhebt sich der Coach/Therapeut über mich und baut eine Hierarchie auf nach dem Motto „Wissend und unwissend"? (NEIN)
- Lässt der Coach/Therapeut mir Zeit? (JA)
- Arbeitet der Coach/Therapeut eine Checkliste ab? (NEIN)
- Sagt mir der Coach/Therapeut, was ich hören will? (NEIN)

Wenn Ihre Antworten wie in den Klammern ausfallen, haben Sie einen guten Partner gefunden. Sollte die Antwort jedoch anders ausfallen, läuft etwas potenziell bis sicher schief. Davor ist kein Coach oder Therapeut gefeit. Haben Sie den Mut, darauf hinzuweisen, wenn Sie merken, dass etwas komisch wird. Spätestens an der Reaktion erkennen Sie, ob Sie gut aufgehoben sind oder schleunigst etwas ändern sollten.

ERFOLGSGEHEIMNIS

Ein Coaching oder eine Therapie sollte ein ehrliches und authentisches Gespräch sein. Der Erfolg hängt am Ende mit von Ihnen ab. Johann Wolfgang von Goethe (1749–1832) hat dies treffend formuliert:

Es ist nicht genug zu wissen,
man muss es auch anwenden;
es ist nicht genug zu wollen,
man muss es auch tun.

NUR MUT!

Beziehungen sind komplexe emotionale Systeme. Manche Probleme lassen sich durch eine klare Aussprache lösen, andere vertiefen sich dadurch. Es gibt leider keine Erfolgsgarantie. Das ist die schlechte Nachricht! Es gibt aber auch keinen Automatismus des Scheiterns. Das ist die gute Nachricht!

Wie in der Diplomatie ist es hilfreich, im Gespräch zu sein und zu bleiben. Nur in Notfällen und bei massiven Grenzüberschreitungen ergibt der Abbruch der Kommunikation Sinn. Nehmen Sie für sich eine diplomatische Haltung an. Trainieren Sie Ihre Empathie und Ihre Neugierde darauf, welche Motive ihr Kind hat, wenn es sich – aus Ihrer Sicht – zu wenig meldet.

Es kann hier auch zu richtig großen Überraschungen kommen. So manches erwachsene Kind ist einfach zufrieden mit sich und Ihnen als Mutter oder Vater. Es lebt in seiner Welt – ausgerüstet von Ihnen während der Kindheit. Ihr Eltern-Job ist getan. In diesem Falle genießen Sie die Früchte Ihrer Elternzeit und widmen Sie sich Ihrem Partner, Freundeskreis oder ganz neuen Aufgaben. Das Leben ist bunt und es hat noch viel mit Ihnen vor!

Ihr

Sascha Schmidt

Paar- und Familienberater (familylab)
www.wieder-paar-sein.de

ANHANG

Bücher zum Weiterlesen

Ihre Erinnerungen für Ihr Kind, um ein neues Verständnis miteinander aufzubauen:

Elma van Vliet: *Mama, erzähl mal! Weil du besonders bist.* Droemer Knaur 2016.

Elma van Vliet: *Papa, erzähl mal: Das Erinnerungsalbum deines Lebens.* Droemer Knaur 2016.

Wie Familienleben gut und respektvoll funktionieren kann:

Jesper Juul: *Was Familien trägt: Werte in Erziehung und Partnerschaft. Ein Orientierungsbuch.* Beltz 2020.

Wenn Sie tiefer in den Prozess der Selbstreflexion und Heilung einsteigen möchten:

Susanne Hühn: *Jede Wunde lässt sich heilen. Wie wir emotionale Verletzungen und Kränkungen aus der Vergangenheit loslassen.* Gräfe und Unzer 2019.

Viele Fallbeispiele und therapeutische Interpretationen von Kontaktabbrüchen finden Sie in folgenden Büchern:

Claudia Haarmann: *Kontaktabbruch in Familien: Wenn ein gemeinsames Leben nicht mehr möglich scheint.* Kösel 2019.

Tina Soliman: *Funkstille: Wenn Menschen den Kontakt abbrechen.* Klett-Cotta 2017.

Tina Soliman: *Der Sturm vor der Stille. Warum Menschen den Kontakt abbrechen.* Klett-Cotta 2019.

Hilfreiche Internetadressen

Zahlreiche Tipps für das Familienleben basierend auf Jesper Juul; Datenbank mit Verzeichnis von Familienberatern:
www.familylab.de

Paar- und Familienberatung von Sascha Schmidt – auch online möglich:
www.wieder-paar-sein.de

Bibliografische Information der Deutschen Nationalbibliothek
Die Deutsche Nationalbibliothek verzeichnet diese Publikation in der deutschen Nationalbibliografie; detaillierte bibliografische Daten sind im Internet über https://dnb.de abrufbar.

ISBN 978-3-8426-1629-5 (Print)
ISBN 978-3-8426-1630-1 (PDF)
ISBN 978-3-8426-1631-8 (EPUB)

2. Auflage

Die Ratgebermarke der Schlütersche Fachmedien GmbH
Hans-Böckler-Allee 7, 30173 Hannover
www.humboldt.de
www.schluetersche.de

Aus Gründen der besseren Lesbarkeit wurde in diesem Buch teilweise die weibliche oder die männliche Form gewählt, nichtsdestoweniger beziehen sich Personenbezeichnungen gleichermaßen auf Angehörige des männlichen und weiblichen Geschlechts sowie auf Menschen, die sich keinem Geschlecht zugehörig fühlen.

Lektorat: Katharina Kümmerle, München
Covergestaltung: ZERO, München
Covermotiv: shutterstock.com / aquamarine painter, venimo
Satz: PER MEDIEN & MARKETING GmbH, Braunschweig
Druck und Bindung: gutenberg beuys feindruckerei GmbH, Langenhagen